Peter Schulte

Wo kommt ihr denn wech?

Kindheit und Jugend
in Ostwestfalen

AF188926

Herstellung und Verlag:
BoD – Books on Demand, Norderstedt
ISBN 978-3-7519-1728-5

Inhalt

1. In eigener Sache

Zu meinen schrecklichsten Kindheitserinnerungen gehören Roy Black, Bata Illic und Mireille Mathieu. Nichts auf der Welt verursacht mehr Traumata als der deutsche Massengeschmack, besonders dann, wenn er ziemlich seicht daherkommt. Meine Tante stand auf Michael Holm. Auf ihrem Polterabend tanzte sie allein zu seinem Lied *Barfuß im Regen* („und wir tanzen und tanzen und tanzen"). Da war ich neun Jahre alt.

Auch Ostwestfalen blieb von den musikalischen Quälgeistern dieser Zeit nicht verschont. Die Schlagermusik der 1970er Jahre war die moralische Instanz des deutschen Kleinbürgers, auch wenn es niemand zugibt. Wenn Heintje im Fernsehen auftrat, wurde es meist eigenartig still. Warum so viele Deutsche diesem Schlagerhype verfielen, lässt sich nur erahnen. Offenbar drang diese Art von Musik in die tiefsten Bereiche der menschlichen Psyche vor und wirkte wie eine Depotspritze. Roberto Blancos Prophezeiung „Ein bisschen Spaß muss sein, dann kommt das Glück von ganz allein" war der ultimative Freifahrtsschein zum Abfeiern unter dem Deckmantel bürgerlicher Geselligkeit. Das war fast schon revolutionär.

Die Jungen in unserer Straße hießen Klaus, Christian, Peter, Markus, Harald oder Heinz. Haartechnisch orientierten wir uns an dem Standard-Poposcheitel der 1970er Jahre, so wie ihn zum Beispiel Jürgen Marcus trug – ja, genau der, welcher ständig in der *ZDF-Hitparade* verkündete: „Eine neue Liebe ist wie ein neues Leben – nanananananana".

Die Mädchen hießen Pia, Hildegard, Christiane, Annette, Monika, Birgit oder Elisabeth. Bei ihnen waren Zöpfe angesagt, an denen wir gerne mal zogen. Auch Agnetha von der schwedischen Kultband ABBA trug gelegentlich Zöpfe und konnte uns Jungs ganz schön verwirren.

Meine erste Freundin lernte ich im Sandkasten kennen. Sie wohnte mit ihren Eltern direkt über uns im gleichen Haus. Sie war das hübscheste Mädchen in unserem Viertel und strotzte nur so vor Selbstbewusstsein. Ihr schönes Gesicht wurde durch das Tragen zweier riesiger silberner Ohrringe noch hübscher, und wenn sie mich mit ihren strahlend weißen Zähnen anlächelte, war das mehr als nur eine Offenbarung. Der Zauber der Jugend – wir sollten ihn hüten wie einen Schatz und ihm gelegentlich etwas Zeit widmen.

Meine erste Langspielplatte hieß *Harvest* von Neil Young. Die Aufnahme stammt von 1972. Darauf ist auch einer seiner bekanntesten Songs zu hören, *Heart of Gold*. Clemens „Clem" aus Harsewinkel brachte ihn mir im damaligen Jugendzentrum Jonasbau auf der Gitarre bei. Doch dazu später. Mit einer Gitarre kam man bei den Mädels damals besser an als mit einer dicken Brieftasche (besser wäre natürlich beides gewesen).

Die Partnerwahl hängt aber nicht nur davon ab, ob du eine Liebste mit einer Gitarre beeindruckst oder gar verzauberst – das ist wohl eher selten der Fall –, sondern von einer Menge anderer Faktoren. Darauf kann ich hier nicht weiter eingehen. Nur so viel möchte ich anmerken: Nur „reich im Herzen" zu sein war zu wenig, um eine Frau zu erobern. Als armer Schlucker hat die Gesellschaft keinen Platz für dich am reich gedeckten Tisch der Freuden des Lebens reserviert. Du kannst nett, freundlich und liebevoll sein, aber wenn es ums Ganze geht, dann treten eigenartige Gesetze zutage, Gesetze, die sich auf das Haben und nicht auf das Sein beziehen. Aber wie sagt meine Mutter immer treffend: „Das Leben ist kein Wunschkonzert."

Doch zurück zu meiner ersten Langspielplatte von Neil Young. Leider kam mir diese nach mehrmaligem Verleihen abhanden (hallo Oliver, ich hoffe, du hattest viel Freude damit). Doch alles Schlechte hat auch etwas Gutes: Im Jahr 2014, 42 Jahre nach der Veröffentlichung von *Harvest*, erfüllte ich mir einen Jugendtraum und fuhr gemeinsam mit meinem alten Freund Rainer zum Neil-Young-Konzert nach Mönchengladbach. Da stand er vor mir, der *Godfather of Grunge*, wie er heute zuweilen genannt wird – etwas gealtert, aber immer noch mit der gleichen Magie und dem unverwechselbaren Sound, der mich bis heute berührt.

Literatur hatte in meiner Jugend keinen Stellenwert. Sicher, es gab Märchenbücher, Pipi Langstrumpf, den Räuber Hotzenplotz oder Winnetou, aber ehrlich gesagt haben mich die Verfilmungen dieser Bücher stets mehr angesprochen. Das erste Buch, das ich von Anfang bis Ende gelesen habe, war *Pippi in Taka-Tuka-Land* von Astrid Lindgren. Oder auch *Fünf Freunde* von der englischen Schriftstellerin Enid Blyton. Aber das war es dann schon auch. Bei uns zu Hause gab es meist die *Hörzu* und die *Bild am Sonntag*. Das reichte für die ganze Woche.

2. Erste Orientierung

August 2019. Ich besuche die Stadt meiner Kindheit und Jugend. Ich war lange nicht mehr hier und trotzdem kommt es mir so vor, als wäre ich nie weg gewesen. Mitte der 1960er Jahre, da war die Droste-Hülshoff-Straße mein Lebensmittelpunkt, der Ort, wo alles stattfand, das Zentrum meiner kleinen und bescheidenen Welt.

Das Haus mit der Nummer 13 sieht noch genauso aus wie vor 50 Jahren: ein schlichter Ziegelbau mit vier Wohneinheiten, ausgerichtet für Familien mit vielen Kindern. Der kleine Vorgarten mit den dekorativen Sträuchern wurde inzwischen durch pflegeleichte Fassaden ersetzt – man geht ja mit der Zeit. Hintern Haus sieht es immer noch so aus wie vor 50 Jahren: eine große Rasenfläche, die fast bis an die Bundesstraße 513 heranreicht.

Als wir Mitte der 1960er Jahre unsere Wohnung in diesem Haus bezogen, wurden im Garten noch Parzellen für den Obst- und Gemüseanbau angelegt, hauptsächlich für Rhabarber, Erdbeeren, Kartoffeln, Erbsen und Bohnen. Mittlerweile sind diese verschwunden. Die Zeiten ändern sich – wer braucht heute noch einen eigenen Garten? Bei Lidl und Co. gibt es doch alles zu fast jeder Tageszeit zu kaufen.

Nun stehe ich also vor dem Haus meiner Jugend und versuche, mich an früher zu erinnern und mir die damit verbundenen Erlebnisse ins Bewusstsein zu holen. Es herrscht eine eigenartige Ruhe, niemand kreuzt meinen Weg. Ich fühle mich fremd am Ort meiner Kindheit. Wo sind nur die Vitalität und die Lebensfreude meiner Kindheit geblieben, die ich an diesem Ort erleben durfte?

Ich schließe die Augen und warte, was passiert. Die Stille erzeugt eine eigenartige Stimmung in mir. Es zwitschern keine Vögel, es schreien keine Kinder, selbst die Glocken der nahegelegenen St.-Paulus-Kirche sind verstummt. Man könnte auch einfach sagen: Hier herrscht tote Hose.

In 50 Jahren hat sich viel verändert, nicht nur hier in der Straße meiner Kindheit, sondern auch in meinem Leben. Trotzdem gibt es Vertrautes, Erinnerungen, die starke Gefühle auslösen und mich eine Weile in diesem Zustand verharren lassen.

Neulich las ich in der Regionalzeitung einen Artikel über einen Bewohner dieser Straße, dessen bekannter Vater schon lange verstorben ist. Interessant war das veröffentlichte Bild des Sohnes. Darauf sah er wie sein Vater aus und ich hatte plötzlich das Gefühl, die Zeit sei stehen geblieben. Wer in den 1970er Jahren ein großes Namensschild mit seiner Berufsbezeichnung (zum Beispiel Arzt, Architekt oder Rechtsanwalt) an seinen eigenen vier

Wänden anbrachte, der gehörte nicht mehr zum Durchschnitt der Bevölkerung, sondern repräsentierte eine Welt, die vielen von uns verborgen blieb – nicht unbedingt die Welt der Reichen und Schönen, sondern die Welt der Privilegierten, eine Bildungsschicht, die ganz andere Zugänge zum gesellschaftlichen Leben hatte und entsprechend agieren konnte.

Ich sehe die Bilder der Vergangenheit an mir vorbeiziehen: Es ist Weihnachten 1968, der Winter zeigt sich von seiner schönsten Seite mit Sonne und viel Schnee. Heiligabend bekommen wir Kinder Miniskier geschenkt und probieren sie gleich am nächsten Tag draußen aus. Wir halten uns zu viert an der Stoßstange eines VW Käfers fest, und der Fahrer zieht uns ein Stück die Droste-Hülshoff-Straße hinauf. Alle sind glücklich und zufrieden. Die großen und kleinen Sorgen sind für einen Moment vergessen – schön, dass die Weihnachtsferien gerade erst angefangen haben.

Die heile Welt der Kindheit, hier an diesem Ort durfte ich sie erleben, ein einfacher Kosmos mit einfachen Regeln und einer überschaubaren Ordnung. Der Sinn des Lebens bestand hauptsächlich darin, ein waches und neugieriges Kind zu sein und die Welt aus dieser Perspektive wahrzunehmen.

Eine kleine Straße in einer ostwestfälischen Kleinstadt – das war das Zentrum meiner Kindheit und Jugend. Für viele Menschen ein unbedeutender Ort, aber für mich und viele andere Kinder aus der Gegend der Mittelpunkt der Welt.

Im Laufe der Jahre und Jahrzehnte zogen viele Menschen weg von hier, in einen anderen Stadtteil, in eine andere Stadt oder in die weite Welt hinaus, wo sie nie mehr gesehen wurden. Doch manche Gesichter tauchen nach 50 Jahren einfach wieder auf: in der Kneipe, im Stehcafé, beim Friseur, an der Kasse bei Penny oder gelegentlich im Restaurant. Dann steht plötzlich und unerwartet ein Mensch vor dir, den du Jahrzehnte nicht mehr gesehen hast, und du erkennst auf Anhieb seine unveränderlichen Charakteristika, die dir stets im Gedächtnis geblieben sind.

Es ist schon eigenartig, wie sehr uns plötzlich wieder uralte Geschichten zu einem Menschen einfallen, den wir seit einer Ewigkeit nicht mehr gesehen haben und der plötzlich vor uns steht. Als kleine Jungs sahen wir uns zum letzten Mal – und nach 50 Jahren begegnen wir uns wieder und sind sprachlos, weil diese Begegnung so überwältigend ist.

Ich gebe es zu: Manchmal ist so eine Begegnung mit eigenartigen Verhaltensweisen verbunden: Man weiß nicht genau, wie man sich dem anderen gegenüber verhalten soll. Plötzlich wirst du unruhig und zappelig, du möchtest dich – aus welchen Gründen auch immer – dieser Begegnung nicht stellen und siehst zu, dass du die Fliege machst. Eine Begegnung ist mit Gefühlen verbunden, und manchmal können wir sie nicht zulassen oder akzeptieren, weil sie so intensiv in uns arbeiten.

3. Harsewinkel for Beginners

Harsewinkel ist eine Kleinstadt in Ostwestfalen-Lippe und zählt rund 25 000 Einwohner. Landschaftlich gesehen zählt sie zum Münsterland, dennoch gehört Harsewinkel seit 1973 zum Kreis Gütersloh. Die angrenzenden Dörfer Marienfeld und Greffen gehören – politisch gesehen – ebenfalls zu Harsewinkel. Harsewinkel liegt an der Bundesstraße 513 zwischen Gütersloh und Sassenberg.

Auf der offiziellen Internetseite der Stadt Harsewinkel werden folgende Sehenswürdigkeiten aufgezählt: Heimatmuseum Marienfeld, Klosteranlage Marienfeld, Motorradmuseum Beckmann, Museum im Turm der St.-Lucia-Kirche, Naturschutzgebiet Boomberge, das Hühnermoor und die Sägemühle Meier-Osthoff. Wer also einen entspannten Urlaub in Ostwestfalen verbringen möchte, der sollte einmal nach Harsewinkel kommen, allzu großes Touristengedrängel ist bei besagten Sehenswürdigkeiten kaum zu erwarten. Dafür erwarten den Besuchern in Harsewinkel noch folgende Freizeitangebote: Frei- und Hallenbad, Fitness-Center, Golfplatz, Ikarus-Flugplatz für Modellflugzeuge, MSC-Stadion mit Kart-Verleih, Radwege (Europaradweg R1, Emsradweg, BahnRad-Route Hellweg-Weser), Reiterhöfe, Schießsportanlagen, Stadtführungen, Tennisplätze, Wanderwege

(Prälatenweg, X19 von Münster nach Bielefeld, Jakobsweg). Ein ordentliches Kulturzentrum oder ein Kino gibt es nicht, für Freunde des schnellen Imbisses im Stil von McDonald's oder Burger King sei auf die nächste Kreisstadt Gütersloh verwiesen. Auch Kauf- oder Möbelhäuser scheinen in Harsewinkel niemanden zu interessieren; dafür dominieren Penny, Rewe, Aldi und Lidl.

Übrigens hat Harsewinkel nichts mit Hasen zu tun, wie manch einer meint, sondern der Name ist eine vom Englischen ins Deutsche übersetzte und transformierte Definition des Wortes „horse", also Pferd. Pferde waren in der ostwestfälischen Provinz weit verbreitet und sind es auch heute noch.

Und dann ist ja auch noch das Wort „winkel" involviert. Was hat es damit auf sich? Ist das irgendeine Bezeichnung, die sich aus der altdeutschen Sprache ableiten lässt? Möglicherweise habe ich bei der Beantwortung dieser Fragen in der Schule gefehlt.

Wichtiger erscheint mir die historische Tatsache, dass Harsewinkel seit Weihung der Klosterkirche Marienfeld im Jahr 1222 bis 1770 vom Klerus dominiert wurde. Erst 1770, nach jahrzehntelangen Auseinandersetzungen, wurden die Einwohner von Harsewinkel aus der Eigenhörigkeit des Klosters entlassen. Dafür mussten sie aber eine jährliche Ablösesumme an das Kloster entrichten. 1803 wurde das Fürstbistum Münster, zu dessen Gebiet Harsewinkel bisher gehört hatte, in das Königreich Preußen eingegliedert. Neuer Landesherr der katholischen Harsewinkler wurde der evangelische preußische König, was eine Säkularisierung des Klosters Marienfeld zur Folge hatte.

Die Chronik der Stadt Harsewinkel beschreibt das Stadtwappen wie folgt:

> „Der Pferdekopf steht für Harsewinkel, der Kamm für Greffen und der Löwe für Marienfeld. Der Pferdekopf war bereits das Wappensymbol der alten Stadt Harsewinkel, als dieser 1909 erstmals ein Wappen verliehen wurde. Man orientierte sich an der etymologischen Erklärung des Ortsnamens Harsewinkel als ‚Horsewinkel‘, also ‚Pferdewinkel‘. Der Kamm, der aussieht wie ein Pferdekamm, geht auf einen aus dem 14. Jahrhundert überlieferten Siegelabdruck der ausgestorbenen Sassenberger Burgmannsfamilie de Grevene zurück. Der im unteren Wappenfeld abgebildete Löwe ist das Wappentier des Edelherrn Widukind von Rheda, der 1185 zu den Gründern des Klosters Marienfeld gehörte“.

Vielleicht ist es nur eine Frage der Zeit und des politischen Willens, bis im Stadtwappen von Harsewinkel der Pferdekopf durch das Symbol eines Mähdreschers ersetzt oder ergänzt wird, denn die Identität der Stadt ist heutzutage nicht mehr durch Pferde gekennzeichnet, sondern durch die technologischen Fortschritte des letzten Jahrhunderts, wie zum Beispiel die Geschichte der Firma Claas zeigt. Die Symbole auf dem Harsewinkler Stadtwappen stammen aus einer Zeit, in der die Identität und der Lebensrhythmus der Menschen von Kirche, Bauern und Handwerkern geprägt wurden und nicht durch die Stechuhren der Firma Claas.

Zu meiner Grundschulzeit verwiesen die Lehrer noch auf die frühere Bedeutung von Pferdezucht, Handwerk, Ackerbau sowie Flachsernte und -verarbeitung. Das war in den 1970er Jahren. Im Jahr 2013 genehmigte das nordrhein-westfälische Innenministerium Harsewinkel die Zusatzbezeichnung „die Mähdrescherstadt". Wer sich die Idee mit der Zusatzbezeichnung ausgedacht hatte, würde mich brennend interessieren. Dabei war diese Bezeichnung eher als Kompromiss gedacht, denn ursprünglich hieß es im Antrag „Europas Mähdrescherstadt".

Das Wahrzeichen von Harsewinkel ist der Spökenkieker, ein lebensgroßer Schäfer aus Stein, der direkt vor dem Rathaus steht und in die Ferne blickt. Der Legende nach hatte er übernatürliche Fähigkeiten, denn angeblich konnte er nahendes Unheil vorhersagen. Zu seinen Füßen weiden Schafe, die von einem Hund beschützt werden. Mit seinem linken Arm stützt sich der Spökenkieker auf seinem Schäferstab, während er, die andere Hand über seine Augen haltend, weit in die Ferne schaut, um das Unheil vorherzusagen. Ein stiller

Zeitzeuge, der vermutlich nicht ohne Grund direkt vor dem Eingang des Harsewinkler Rathauses steht.

Ob er wusste, dass eines Tages eine Frau Bürgermeisterin wird? Ich glaube eher nicht. Zur Entwicklung der AfD in Harsewinkel schwieg er bisher, gegen den Abriss des historischen Feuerwehrhauses konnte er nur wenig Menschen mobilisieren, und dass das Reetdach des Heimathauses durch ein Dach aus Ziegeln ersetzt wurde, das hätte uns der weise Schäfer nun wirklich früher sagen können. Vielleicht sollte er umgedreht werden, damit er das Geschehen im Rathaus beobachten kann und uns rechtzeitig darüber informiert, wenn von dieser Seite aus Ungemach droht.

Manchmal kommt es mir vor, als wenn die Harsewinkler Einwohner auch einige Eigenschaften des Spökenkiekers aufweisen. Die direkte Art ist nicht des Ostwestfalen Natur, das kann man wirklich nicht behaupten. Vielmehr scheint es so, als wenn auch sie gerne das Treiben in ihrer Heimatstadt aus sicherer Distanz heraus beobachten. Was kann aufregender sein, als das Verhalten anderer Menschen aus der Ferne zu betrachten? Ein Aspekt, der oft unterbewertet wird.

Natürlich sind nicht alle Menschen so. Es wäre unfair, ihnen überwiegend Neugier und Intriganz zu unterstellen, denn Menschen haben viele Persönlichkeitseigenschaften und sollten nicht auf eine davon reduziert werden. Und wie in jeder anderen Kleinstadt in Ostwestfalen auch, sind die Menschen so unterschiedlich wie auf der ganzen Welt: Es gibt Bauern und Handwerker, Arbeiter und Angestellte, Geschäftsleute und Versicherungsvertreter, Beamte und Lehrer, Hausfrauen mit und ohne Kinder genauso wie diejenigen, die abseits des bunten Treibens nie eine Chance auf ein halbwegs selbstbestimmtes Leben hatten.

Seit meiner Kindheit bin ich mit dieser Stadt verbunden, und obwohl ich schon seit vielen Jahren nicht mehr dort lebe, zieht es mich immer wieder an diesen Ort zurück. Manchmal weiß ich nicht, ob die Sehnsucht nach Harsewinkel reine Nostalgie und Gefühlsduselei ist oder ob es sich hierbei um echte Heimatverbundenheit handelt. Ich hatte viel Zeit zum Nachdenken, denn seit 25 Jahren lebe ich in Österreich und in dieser Zeit konnte ich mir viele Gedanken über meine alte Heimat machen.

Erst wenn du weggehst, verstehst du, was dieser Begriff bedeutet – zumindest war es bei mir so. Du hast das Vertraute verlassen, um dich einer neuen Herausforderung zu stellen. Erst in der Fremde wurde mir bewusst, was es bedeutet, wenn du ganz auf dich allein gestellt bist und du niemanden kennst, mit dem du zusammen ein Bier trinken kannst. Vermutlich ist das das Schicksal all derjenigen, die sich auf ein Abenteuer fernab der Heimat einließen. Niemals dachte ich, dass mir so ein provinzielles und spießiges Kaff wie Harsewinkel einmal abgehen wird: Die eigenwilligen Bewohner mit ihren großen und kleinen Sorgen, das Schwätzchen im Supermarkt oder Eiscafé, das gemeinsame Mittagessen im Gasthaus oder ein Spaziergang durch die Stadt haben für mich heute eine andere Bedeutung als früher. Ich kann den Moment jetzt viel intensiver wahrnehmen und genießen als in meiner Jugend.

Beim Friseur erfährst du vieles. Diese Zunft ist – neben Gastwirten, Taxifahrern und Ärzten – Träger und Hüter vieler Geheimnisse, die ihnen anvertraut wurden. Dies wird leider viel zu wenig anerkannt. Ein Friseur deines Vertrauens ist gelegentlich mehr wert als ein hochqualifizierter Psychologe mit zehn Zusatzausbildungen. Die Dauerwelle von früher war mehr als nur handwerkliche Friseurkunst, sondern auch eine samstägliche Selbsterfahrung für weibliche Kunden. Der Friseursalon ist ein geschützter Raum, wo miteinander kommuniziert wird und Erfahrungen ausgetauscht werden, und wenn er bereits seit 30 oder 40 Jahren existiert, ist das ein Zeichen von Wertschätzung, Vertrauen und Anerkennung. Und wo bitte schön gibt es noch den „Herrentag", wenn nicht in

Harsewinkel, meist am Wochenanfang, wenn sowieso nicht viel los ist.

Gelegentlich fragen mich Freunde und Bekannte, wie ich Harsewinkel und die dort lebenden Menschen beschreiben würde. Ich muss dann immer lange überlegen, wie ich ihnen in wenigen Worten unverkennbare Merkmale dieser ostwestfälischen Kleinstadt nahebringen kann, ohne sie damit zu überfordern.

Die einfachste Antwort ist der Verweis auf das in Harsewinkel ansässige Unternehmen Claas, einen der größten Landmaschinenhersteller in Europa. Wer hat nicht schon einmal eine grüne Erntemaschine mit der Aufschrift Claas gesehen? Fast überall auf der Welt sind diese gigantischen Erntehelfer präsent. Seit Jahrzehnten ist die Firma Claas einer der größten Arbeitgeber der Region und sorgt für das Auskommen vieler dort lebender Menschen. Claas ist Familie, ist Religion und Sinnstifter zugleich – was wäre Harsewinkel ohne dieses Unternehmen? Mittlerweile verstehe ich auch die Antwort einiger Harsewinkler auf meine Frage, wie es denn so geht, wenn sie mir entgegnen: „alles Claas". Es zeigt, wie tief das Unterbewusstsein vieler Menschen von dieser Firma besetzt ist.

Auch in Tirol, wo ich momentan lebe, sehe ich manchmal grüne Erntemaschinen der Firma Claas, und kann dann sagen: „Hey Leute, dieser Mähdrescher kommt aus Harsewinkel!" Das kommt an, das macht Eindruck, das ist mehr als verständlich.

Harsewinkel ist die Stadt meiner Jugend. Hier bin ich aufgewachsen und zur Schule gegangen, und obwohl ich schon viele Jahre nicht mehr dort lebe, ist sie immer noch ein wichtiger Teil meines Lebens. Ich verbinde mit dieser Stadt ein besonderes Lebensgefühl: Immer wenn ich nach Harsewinkel komme, will es an die Oberfläche.

Schon bei der Autobahnabfahrt Kassel Richtung Paderborn meldet es sich schon kurz einmal an, und wenn ich dann die Kreisstadt Gütersloh passiere und das Schild Richtung Harsewinkel sehe, ist vieles auf einmal wieder so wie früher. Ich fahre mit meinem Auto in der Stadt herum und schaue, ob alles noch an seinem Platz ist: die Schule, die Kirche, die Feuerwehr, das Rathaus, die Eisdiele, die Buchhandlung, die Kneipen usw. All diese Orte haben eine Bedeutung für mich, sie lösen in mir Gefühle aus, ohne dass ich sie genau beschreiben könnte – dieser Zustand fühlt sich vertraut und wohltuend an. Die Bilder meiner Jugend und das damit verbundene Lebensgefühl – hier in dieser Stadt wurden sie geprägt und haben sich tief in mein Unterbewusstsein eingegraben.

Vor einigen Wochen war ich wieder mal in der Gegend, und als ich nach einem ausgiebigen Frühstück mit meiner Mutter, die noch immer dort wohnt, beschloss, mir die Haare schneiden zu lassen, da konnte ich es beim Friseur wieder spüren, dieses unverwechselbare Gefühl von Heimat und Vertrautheit. Neben mir warteten ein älterer Herr und vermutlich seine Tochter, und sofort fingen sie ein unverbindliches Gespräch mit mir an, so als ob man sich schon seit vielen Jahren vom Sehen her kennt. Und auch für die Friseurin war ein Schwätzchen mit mir etwas völlig Selbstverständliches.

In Harsewinkel lebt noch ein Teil von mir – irgendwie bin ich hier immer noch zu Hause. Gelegentlich sitze ich auch mit Freunden und Bekannten im Eiscafé Rialto in der Harsewinkler Innenstadt. Wer etwas über Harsewinkel wissen möchte, was nicht in der Zeitung steht, kommt meist hierher. Gelegentlich kreuzen dann auch Menschen meinen Weg, die ich von früher her kenne, die ich aber jahrelang nicht mehr gesehen habe. Manchmal bleibt einer oder eine von ihnen stehen und wir quatschen ein bisschen, manche grüßen mich beim Vorbeigehen, und manche gehen einfach an mir vorbei, so als ob sie mich noch nie gesehen haben – möglicherweise arbeitet da auch eine Unsicherheit in ihnen, weil sie nicht wissen, wie sie mit jemandem umgehen sollen, den sie viele Jahre nicht gesehen haben. Das kann ich gut verstehen, mir geht es ja in solchen Momenten nicht viel anders.

Doch noch einmal zurück zu der Frage, was eine ostwestfälische Kleinstadt wie Harsewinkel ausmacht und welche Besonderheiten es dort gibt: Ich meine ja immer noch, dass von allen Frauen dieser Welt die schönsten in Harsewinkel zu finden sind. In der Bäckerei, hinter der Wursttheke im Supermarkt, hinterm Bankschalter oder ganz profan im Café – überall sind sie anzutreffen und es fällt schwer, diese hübschen Geschöpfe der Natur zu ignorieren.

Ich fasse also zusammen: Einem Nicht-Harsewinkler den Ort seiner Jugend zu erklären bedeutet in erster Linie, auf das damit verbundene Lebensgefühl zu verweisen, auf den ständig präsenten Landmaschinenhersteller Claas und auf die vielen hübschen Frauen, die aus Harsewinkel kommen. Eine bessere Werbung kann es für Harsewinkel doch nicht geben!

Natürlich haben die Einheimischen auch ihre Eigenarten: Zum Beispiel fahren sie unter der Woche gern mit dem Fahrrad durch die Stadt, meist bestückt mit einem Einkaufskorb, der entweder auf dem Gepäckträger oder vor dem Lenkrad befestigt ist. Die Drahtesel sehen meist gleich aus – ein Hinweis auf den einheimischen Zweiradmechaniker, der in der August-Claas-Straße seine Werkstatt betreibt. Waren unsere Eltern hier schon Kunden, so machen es ihnen die Kinder nach. Harsewinkler zeigen ihre Zufriedenheit durch jahrelange Treue.

Wenn du zum Beispiel an einem frühherbstlichen Sonntagnachmittag einen Spaziergang durch die Innenstadt machst, Richtung Rövekamp, am Schwanenteich und am Freibad vorbei, die Sürenbrede querend bis hin zur Goethestraße, dann wirst du verwundert feststellen, dass zu dieser Zeit fast niemand auf der Straße zu sehen ist – ein Phänomen, das mir in Erinnerung geblieben ist. Die Stadt wirkt wie ausgestorben – das Leben findet an solchen Tagen in den eigenen vier Wänden statt. Und wenn an solchen Tagen dann doch mal Bekannte deinen Weg kreuzen, wirst du mit der Frage begrüßt: „Na, alles gut?" – als ob ein Spaziergang an einem Sonntagnachmittag etwas Ungewöhnliches ist.

Falls du dich zufällig in Ostwestfalen aufhalten solltest und möglicherweise erwägst, Harsewinkel zu besuchen, erscheint es sinnvoll, nach bestimmten Zeichen Ausschau zu halten, die dich direkt in die Mähdrescherstadt führen. Zur Heuernte ist der Ort leicht zu finden, denn in den Harsewinkler Bauerschaften und auf den Feldern wird gemäht, was das Zeug hält, und natürlich sind alle Erntemaschinen im Ort gebaut worden, wie es sich für eine Stadt gehört, welche die Zusatzbezeichnung „die Mähdrescherstadt" führt.

Ganz richtig bist du, wenn du vor der Harsewinkler Gesamtschule mit dem Namen „August-Claas-Schule" stehst. Natürlich gibt es auch eine August-Claas-Straße mit der dazugehörigen August-Claas-Villa, mitten im Zentrum von Harsewinkel. Wer zum Beispiel von Sassenberg nach Gütersloh fährt, wird vermutlich die Bundestraße 513 nutzen, die direkt durch Harsewinkel führt. Schon bei der Ortseinfahrt fallen einem die vielen abgestellten Landmaschinen der Firma Claas auf, die auf den Transport im nahegelegenen und eigens dafür angelegten Claas-Verladebahnhof warten.

Etwas weiter und ebenfalls auf der rechten Seite zu sehen sind die Werkshallen, die sich von der Ortseinfahrt bis auf Höhe des Rathauses hinziehen und einen ersten Eindruck von der Größe dieses Landmaschinenherstellers hinterlassen. Am Ende der Werkshallen befindet sich das Verwaltungsgebäude, natürlich mit einem modernen Mähdrescher im Vorgarten, den jeder Autofahrer, der auf der Bundesstraße 513 unterwegs ist, bestaunen kann. Und um die Firma Claas endgültig im Bewusstsein zu verankern, wird der Autofahrer, der Richtung Gütersloh fährt, beim Kreisverkehr am Ortsende noch einmal mit einem großen Schild da-

ran erinnert, das Harsewinkel „die Mähdrescherstadt" ist. Hier hat sich jemand besonders viel
Gedanken darüber gemacht, wie man Wissen auf
moderne Weise vermittelt.

Ein sichtbares Zeichen der Harsewinkler Le-
benskultur sind eigenartige Plakatankündigungen
von Veranstaltungen, die auf den ersten Blick etwas verwirrend wirken. Wer versteht auf Anhieb
ein Ankündigungsplakat mit dem Titel „Westfäli-
sches Frühstück im Himmelbett"? Hat da etwa
wieder ein Puff auf dem Land aufgemacht? Den erkennt man in Ostwestfalen übrigens daran, dass er
weit und breit das Einzige ist, was ab Anbruch der
Dämmerung bis in den Morgen hinein leuchtet.
Für alle anderen gilt: Licht aus! Aber mit dem Frühstück im Himmelbett ist wohl eher ein Früh-
stücksangebot im edlen Ambiente gemeint. Da
sind Hinweise wie „Café im Hühnerstall" oder
„Café im Kuhstall" doch etwas verständlicher,
auch wenn sie nicht gerade der Brüller in der Ca-
féhausszene sind.

Weitere Erkennungsmerkmale des ostwestfälischen Lebensgefühls sind Veranstaltungsankündi-
gungen von Stimmungsbands wie „Die Landeier"
oder Kabarettgruppen wie „Die Bullemänner". Auf
so einen Namen wie den Letzteren muss man erst
mal kommen! Dazu gehört wirklich viel Kreativi-

tät. Überhaupt gehört das Kabarett zu Ostwestfalen wie der Mähdrescher auf das Kornfeld: Was der Ostwestfale denkt, sich aber nicht zu sagen traut, das wird in solchen Veranstaltungen auf ein höheres Niveau gehoben und zum regionalen Kulturgut erklärt. Jedes Dorf, jede Stadt und jede Region haben ihren eigenen Klüngel. Jau, das sach auch man …

Letztendlich sind es Umgangsformen, Sprache, Dialekt und Redewendungen, welche die ostwestfälische Mentalität kennzeichnen. Mein damaliger Schwiegervater in spe zum Beispiel kam aus der Steiermark, und im Rahmen seiner Arbeit als Außendienstmitarbeiter eines großen Tiroler Unternehmens hatte er gelegentlich in Ostwestfalen zu tun. Gerne erzählte er die Geschichte, dass er vor einigen Jahren in einem westfälischen Gasthaus in der Nähe von Warendorf einkehrte, um dort etwas zu essen. Auf die Frage, ob es noch etwas zu Essen gibt, erwiderte der Hauswirt, dass die Küche schon geschlossen sei. Also bestellte Schwiegervater nur etwas zu trinken. 45 Minuten später kam der Herr des Hauses zurück und erklärte, dass er eventuell noch „ein paar Schnittchen" servieren könnte. Alles braucht eben seine Zeit, und möglicherweise wurde es dann noch so richtig „muckelig", wie man in Ostwestfalen zu sagen pflegt, wenn es gemütlich wird.

Eine meiner Lieblingstanten kam aus der Gegend von Unna. Wenn sie uns mit ihrem neuen VW Käfer in Harsewinkel besuchte, lud sie uns Kinder meist auf eine Spritztour in ihrem Kugelporsche ein. Entweder fuhren wir in eine Eisdiele, besorgten Kuchen in einer Konditorei oder fuhren einfach nur so in der Gegend herum.

Und irgendwie hatte unsere Tante es mit Nummernschildern: Wenn sie ein Auto sah, dessen Nummernschild mit „WD" begann (was damals das Zeichen für Wiedenbrück war), klärte sie uns Kinder mit lauter Stimme auf: „Kuckt mal – wieder'n Doofer." Und Doofe entdeckte sie viele.

Für manch einen sind solche Ereignisse wohl „Kinkerlitzken", also unbedeutend, aber für mich sind sie bis heute in Erinnerung geblieben.

4. Ostwestfälische Lebenswelten

Als ich 1962 geboren wurde, hieß der deutsche Bundeskanzler Konrad Adenauer und sein amerikanisches Pendant John F. Kennedy. Der Kalte Krieg erreichte mit der Kubakrise seinen vorläufigen Höhepunkt. Fidel Castro wurde von Papst Johannes XXIII. exkommuniziert. Die Angst vor atomarer Bedrohung war auch in Ostwestfalen zu spüren, in der Schule wurden regelmäßig Schutzübungen für den Fall eines atomaren Angriffs durchgeführt.

Trotz weltweiter Proteste startete die Sowjetunion eine neue Reihe von Atomversuchen. Auch die USA setzten ihre Tests fort und zündeten erstmals eine Wasserstoffbombe. Der französische Staatspräsident Charles de Gaulle proklamierte im Juli die Unabhängigkeit Algeriens. Damit gingen ein seit 1954 andauernder Krieg, der mehr als 160 000 Tote forderte, und 132 Jahre französischer Herrschaft zu Ende. Die *Spiegel*-Affäre löste eine Regierungskrise in Deutschland aus. In der Folge musste Verteidigungsminister Franz Josef Strauß zurücktreten. John Steinbeck erhielt 1962 den Nobelpreis für Literatur, da war er 60 Jahre alt. Der Schriftsteller Hermann Hesse starb am 9. August 1962 in Montagnola/Schweiz.

Die Rolling Stones hatten gerade angefangen zu rocken und die Beatles schon ihre erste Single *Love Me Do* veröffentlicht. Die ARD strahlte die erste Folge der US-Serie *Bonanza* aus: die Cartwrights mit Vater Ben, der mit seinen Söhnen Hoss, Adam und Little Joe auf der Ponderosa Ranch in der Nähe von Virginia City/Nevada lebt. Wisst ihr noch, wie der Koch der Cartwrights hieß? Genau: Hop Sing. Mein Lieblingsspruch von ihm war: „Essen feltig, Mistel Caltlight."

All diese Ereignisse hatte ich als kleines Kind noch nicht bewusst mitbekommen, aber im Nachhinein und mit Abstand betrachtet prägen sie die Sozialisation eines Menschen mit. Die vielen Omas und Opas, Tanten und Onkels, sie hatten noch eine politische Wirklichkeit erlebt, deren Wesen Gehorsam und Disziplin war, eine Gesellschaft, die Menschen ausgrenzte und vernichtete, eine politische Führung, der sie kritik- und bedingungslos folgten und deren Folgen sie später verdrängten. Es fiel ihnen schwer, die eigenen Erfahrungen zu reflektieren – warum auch? Sie kannten doch kein anderes Leben.

Doch die Erfahrungen der Kindheit lassen sich nicht ständig verdrängen, irgendwann muss man sich ihnen stellen. Der Führer erwartete von ihnen Treue, Gehorsam, Disziplin. Solche von außen herangetragenen „Tugenden" lassen sich nicht einfach so abschütteln, im Gegenteil: Sie bestimmen das Erleben und das Verhalten von Menschen maßgeblich mit, oft ein Leben lang. Gefühle zeigen, das war Luxus und Zeitverschwendung, das tat man nur hinter verschlossenen Türen.

Die geheimen Wünsche der Deutschen brachte Heino mit Hits wie *Regenbogen-Johnny* oder *Blau blüht der Enzian* zum Ausdruck. Hier wurden urdeutsche Gemütlichkeit und der Wunsch nach Partnerschaft elegant transportiert:

> „In der ersten Hütte, da haben wir zusammen gesessen
> In der zweiten Hütte da haben wir zusammen gegessen
> In der dritten Hütte hab' ich sie geküsst
>
> Keiner weiß was dann geschehen ist
> Holla hia hia holla di holla di ho"
>
> (Heino)

Wir waren keine Einheimischen, als wir Mitte der 1960er Jahre unsere Mietwohnung in der Droste-Hülshoff-Straße bezogen. Ein Wohnblock für vier Familien, jede Wohnung ausgestattet mit Kohleofen, auf dem man auch kochen konnte. Wir hatten einen eigenen Balkon, es gab eine gemeinsame Waschküche und einen Dachboden, um die Wäsche zu trocknen. Zum Haus gehörten noch zwei Wirtschafts- sowie ein Kohlenkeller. Hinterm Haus stand jeder Mietpartei eine kleine Parzelle für den Gemüseanbau zur Verfügung. Unsere Nachbarin hieß Frau Kunstleve, über uns wohnten die Familien Dammrose und Bohmann.

Vorher wohnten wir im rund 50 Kilometer entfernten Paderborn. Mein Vater fuhr damals jeden Tag mit dem Claas-Werksbus nach Harsewinkel. Pünktlich um 5:30 Uhr holte der Bus die Arbeiter ab und um 6:30 Uhr läutete die Werkssirene die Frühschicht ein. Schon von weitem waren die riesigen Maschinen mit ihrem lauten Getöse zu hören. Das waren meine ersten Eindrücke vom Berufsleben. Mir kam es vor, als wenn die Fabrik die Menschen frühmorgens verschlingt, den ganzen Tag über verdaut und abends wieder ausspuckt.

Der Harsewinkler Rövekamp – oder zumindest ein großer Teil davon – war ursprünglich Ackerland. Im Zuge der Industrialisierung wurde immer mehr Ackerland in bebaubare Flächen umgewidmet, um den wachsenden Bedarf an Wohnungen zu sichern. Vor unserem Haus konnten wir noch Kornfelder sehen, die aber irgendwie nicht mehr in diese Gegend passten. Und es wurden noch einige Äcker bewirtschaftet, auf denen unter anderem Kartoffeln, Erbsen und Bohnen wuchsen. Regelmäßig zur Erntezeit herrschte dort ein riesiges Gewusel: Marienkäfer, Junikäfer, Kartoffelkäfer, Bienen, Hummeln, Schmetterlinge – die Natur war unheimlich vielseitig und wir Kinder konnten sie direkt vor unserer Haustür studieren.

Das Gaststättengewerbe war ein sicherer Ort der Pflege von Männeregos. Sonntagvormittags ging man zum Frühschoppen in den Waldhof, eine alte Gaststätte an der Münsterstraße. Sie lag etwas außerhalb, aber nahe genug an den neugebauten Arbeitersiedlungen des Rövekamps. Dort saßen die Männer wie Hühner auf der Leiter vorm Tresen, unterhielten sich, tranken Bier und rauchten Zigaretten. Man trank noch mit Stil, in schwarzer Hose und weißem Hemd. Und wenn die Motorik schon leichte Ausfallerscheinungen aufwies, saß wenigstens noch das Hemd gerade. Manchmal nahm uns der Vater mit zum Frühschoppen in den Waldhof und wir durften auf dem dazugehörigen Platz Minigolf spielen oder mit dem Autoscooter fahren.

Der Waldhof war auch ein Ort für Pferdenarren: Es gab Pferdeställe, Reitanlagen und angrenzende Wälder, wo man mit seinem Pferd unterwegs sein konnte. Und man konnte separate Räume für kleinere und größere Feiern mieten, insgesamt also ein großes Areal mit vielerlei Verwendungsmöglichkeiten. Roberto Blanco, Bata Illic, Ilja Richter, Rex Gildo oder Heidi Kabel, sie alle sollen hier schon genächtigt haben.

Der Waldhof erinnert mich immer daran, wie es früher einmal war oder gewesen sein muss: eine große Gaststätte in bäuerlicher Umgebung, direkt an der Hauptstraße gelegen, mit Beherbergungsbetrieb und Unterbringungsmöglichkeiten für Pferde – ein für die damalige Zeit gut gelegenes Wohlfühlhotel mit All-inclusive-Paket.

Wie fast überall in Ostwestfalen, sind die goldenen Zeiten der Wirtshauskultur mittlerweile Geschichte. Das betrifft auch den Waldhof in Harsewinkel. Wie ich vor einigen Wochen der Zeitung entnehmen musste, hat der Waldhof im Jahr 2019 seine Pforten für immer geschlossen. Und als ob das nicht schon genug Anlass zur Klage wäre, haben sich die Besitzer entschlossen, den ehemaligen Waldhof samt Grund an die Firma Claas zu verkaufen. Die haben mittlerweile das Gasthaus abreißen lassen, um was auch immer dort hinzubauen, vermutlich Parkplätze für Claas-Mitarbeiter.

Ich frage mich, warum die Stadt es zulässt, dass ein Teil der Harsewinkler Stadtgeschichte einfach so verschwindet. So ein Gebäude gehört unter Denkmalschutz gestellt und sollte der Allgemeinheit zur Verfügung stehen, zum Beispiel als Kultur- und Veranstaltungszentrum oder als ein Haus für betreutes Wohnen, mit Gastronomie oder Café. Aber das ist bloßes Wunschdenken. Als die Stadt das alte Feuerwehrhaus mit seinem schönen Turm einfach abriss, war es auch nicht anders, allen Protesten zum Trotz setzte die Stadt einfach ihre Beschlüsse um.

Mit uns kamen auch die ersten Gastarbeiter nach Harsewinkel: Spanier, Italiener, Portugiesen, später auch Griechen und Türken. Alle versuchten sie ihr Glück in der Fremde, weit weg von ihren Familien. Doch die Spanier waren die Ersten, die nach Harsewinkel kamen, für sie wurden Werkswohnungen bereitgestellt. Sie hießen Morales, Felix, Gonzales, Rafael oder Adolfo. Im Aussehen unterschieden sie sich deutlich von den Ostwestfalen: Ihre dunklen Haare frisierten sie meist mit reichlich Pomade, und manche von ihnen kamen in Sakko und schwarzen Lederschuhen zur Arbeit. Ob ihr lebhaftes südländisches Temperament mit dem preußisch-wilhelminischen Arbeitsethos zusammenpasste, bleibt ein Geheimnis. Die Begegnung mit den Einheimischen beschränkte sich fast ausschließlich auf berufliche Kontakte: „Ey Morales, du nix Pause, immer weiter" oder „musst du machen fertig, sonst Chef kommen und schimpfen", so in etwa stellte ich mir ein typisches Gespräch am Fließband vor.

Heinz Fressmann betrieb den Edeka-Markt in der Paulusstraße. Dort kam es gelegentlich zu Begegnungen der besonderen Art. Die südländischen Gastarbeiter stellten für den Kleinunternehmer eine zahlungskräftige Zielgruppe dar und schlau, wie er war, hatte er eine geniale Idee: Zusätzlich zu den Samstagsbrötchen ließ er lange, dünne Weißbrote backen, die sogenannten Spanierbrote. So ein Brot kannten die Südländer aus ihrer Heimat und hier, im Edeka-Markt, konnten sie ein Stück Heimat spüren. Zehn Brötchen kosteten ca. 60 Pfennig und ein Spanierbrot ca. 35 Pfennig, wobei dieses etwa der Größe von fünf bis sechs Brötchen entsprach. Wir Kinder standen auf Spanierbrot, obwohl es sich im Geschmack nicht vom deutschen Standardbrötchen unterschied – es war einfach nur ein großes bzw. langes Brötchen. Das war Multikulti zum Anfassen und ein wesentlicher Beitrag zur Völkerverständigung.

Privat spielte sich zwischen den Deutschen und den Gastarbeitern nicht viel ab, teils bedingt durch die Sprachschwierigkeiten, teils durch die kulturellen Unterschiede. Die Parteien blieben vorerst unter sich: Die Spanier hatten zum Beispiel ihr eigenes Kulturzentrum, wo sie sich nach Feierabend und am Wochenende trafen, und die Deutschen gingen in ihre eigenen Stammlokale, von denen es damals sehr viele gab. Das ist heute ganz anders, denn die Wirtshauskultur verschwindet zunehmend aus dem Dorfleben.

Als ich noch ein kleiner Junge war, hatten die Gaststätten noch Hochkonjunktur, besonders während und nach den Gottesdiensten; da konnte es schon mal eng werden. Dann begab man sich in die

Paulusklause oder die Domgaststätte, um sich ein frisch gezapftes Pils zu bestellen. Ab Mittag wurde es dann still. Der Sonntag war eben noch ein richtiger Sonntag.

Die Spanier pflegten ihre eigene Wirtshaustradition: Hinter ihren Werkswohnungen am Rövekamp befand sich ein extra für sie geschaffenes Gebäude mit kneipenähnlichem Charakter, nur dass die Besucher nicht am Tresen, sondern an Tischen saßen. Meist lief ein großer Fernseher, der an einer Ecke des Raumes aufgehängt war. Alkohol wurde wenig getrunken, dafür umso mehr geraucht.

Als Kinder tauchten wir gelegentlich dort auf. Die kulturellen Unterschiede und besonders die Sprachbarrieren waren kein Grund, diesem Teil von Harsewinkel fernzubleiben, die Neugier überwog und ließ alle Bedenken in den Hintergrund treten. Das war auch gut so, denn wir stellten fest, dass die Gastarbeiter keine Vorbehalte gegenüber uns Kindern hatten – ganz im Gegenteil, sie waren meist sehr nett und freundlich zu uns.

Sie schrieben viele Briefe an ihre Familien, in die sie ihr verdientes Geld steckten und somit ihre Familien versorgten. Und sie bekamen viele Briefe aus ihrer Heimat, was für uns Kinder ein Segen war, denn Briefmarken sammeln war ein beliebtes und weit verbreitetes Hobby. So fragten wir einfach nach Marken aus Spanien und bekamen diese reichlich und regelmäßig von den netten Spaniern geschenkt. Auf den meisten Marken war das Konterfei des spanischen Diktators Franco abgebildet.

Was für unsere Eltern der Waldhof oder die Paulusklause, das war für uns Kinder Eis-Molin, eine echte italienische Eisdiele in der Innenstadt, direkt neben der St.-Lucia-Kirche. Hier gab es bereits in den 1970er Jahren echten italienischen Espresso und Cappuccino – und natürlich italienische Musik. Einen Espresso zu bestellen war für mich mehr, als nur eine Koffeinbombe im Kleinstformat zu trinken, vielmehr war es Ausdruck einer progressiven Grundhaltung und eine Form der Akzeptanz kultureller Vielfalt. An diesem Ort war die südländische Atmosphäre ständig zu spüren: der intensive Geruch von Kaffee und Zigaretten, Männer, die Zeitungen lasen oder sich angeregt unterhielten, Männer, die schwiegen und einfach nur dasaßen oder Musik hörten.

Chef Piedro stand jeden Tag selbst hinterm Tresen. Er war der Herr über das, was Kinder glücklich macht: viele bunte Eissorten, vom Meister selbst kreiert und ausgegeben. Zu uns Kindern war er immer nett und freundlich, wie alle, die dort arbeiteten. Wenn wir im Sommer nach der Schule auf ein Eis zu Piedro gingen, stand der Maestro schon vor seinen frisch zubereiteten Kreationen. Meist bestellte jeder von uns drei bis vier Kugeln Eis, wobei Piedro stets fragte: „Is egal was?"

Seine Frau hieß Esmeralda, sie war, wie Piedro auch, der deutschen Sprache nicht so mächtig. Besonders das „sch" machte ihr zu schaffen; daraus machte sie meist ein „s". Wir machten immer den gleichen Scherz mit ihr: Wir fragten sie nach dem Geschmack des roten Eises. Natürlich wussten wir, dass es Kirsche war, ließen es uns aber nicht nehmen, Esmeralda zu fragen: „Was ist das für eine Sorte Eis?" Prompt kam die Antwort: „Das Kirse!" Und so bestellte jeder von uns, einer nach dem anderen, ein Eis mit „Kirse". Und am nächsten Tag bestellten wir wieder ein Eis mit „Kirse". Ich glaube, sie nahm es uns nicht übel, dass wir mit ihr immer den gleichen Scherz machten. Sie war ein Teil dieser Stadt und gehörte genauso hierher wie der Spökenkieker vor dem Rathaus.

Die „Außenstelle" von Eis-Molin leitete „Dr. Bohne". Der Sound seines Vespa-Dreirades mit integrierter Kühlbox war schon von weitem zu hören und das Mööp-mööp seiner Hupe verriet, dass er demnächst auftauchen würde. Sein rollendes Gefährt war für Harsewinkler Verhältnisse einzigartig und hob sich allein schon durch seine exotische Erscheinung, wie riesige aufgemalte Eistüten, von anderen Fahrzeugen ab. Später wurde das Gefährt durch einen umgebauten VW Bulli ersetzt.

Vor einigen Jahren tauchte das Gefährt von Dr. Bohne plötzlich wieder auf. Jahrelang stand es in einer Autohalle in Versmold und war in Vergessenheit geraten. Unter der Schlagzeile „Eis-Molin wieder aufgetaucht" wurde die Vergangenheit noch einmal zelebriert: „Highnoon": Um zwölf stand er immer beim Werkzeugbauer Pauli zur Mittagspause, um eins beim Modehaus Bessmann – und dann ging's nach Marienfeld in den Ort. Um 15 Uhr erreichte das Dreirad-Vehikel stets Centre-Ville Marienfeld. Ein kurzes Mööp-mööp – und die Kinder rannten auf die Straße. Eis-Molin ist da!

5. Die 1960er Jahre

In den 1960er Jahren war das Leben anders organisiert als heute. Es gab eine klare Rollentrennung: Die Mutter war für die Kinder und der Vater für die Kohle zuständig – ein einfach zu merkendes Familienideal, das unhinterfragt befolgt wurde. Alle machten es so – wo war die Alternative? Das Leben drehte sich hauptsächlich um Arbeit und Geld. Arbeit war die Eintrittskarte zu Luxus und Wohlstand, und wer an dieses Mantra glaubte, der hatte Freude an seinem neuen Volkswagen oder Mercedes Benz. „Germans – go out ridin' with their ladies, Germans – in their elegant Mercedes" (Udo Lindenberg). Mit einem eigenen Auto konnte man an die Ostsee oder bis nach Italien an den Gardasee oder nach Neapel fahren und es sich gut gehen lassen.

Fast alle profitierten vom wachsenden Wohlstand. Die ansässige Firma Claas hatte zu dieser Zeit schon eine riesige Produktionsstätte für Landmaschinen gebaut und suchte jede Menge Mitarbeiter, nicht nur aus Deutschland. Die Geschichte der Gastarbeiter ab den 1960er Jahren – Harsewinkel ist sicher ein Teil davon.

Mitte der 1960er Jahre zogen wir von Paderborn nach Harsewinkel, sechs Personen auf einmal, und das alles wegen eines Jobs. Es wurde einem nichts geschenkt und trotzdem war man froh, dass man Teil dieser Entwicklung war. Einen Job in einer modernen Firma zu haben bedeutete einen gewissen sozialen Aufstieg sowie soziale Anerkennung im privaten Umfeld. Beim sonntäglichen Frühschoppen wurde man sich seines Standes bewusst, denn die Menschen hatten etwas, was sie miteinander verband und worüber sie reden konnten.

Früher fuhr mein Vater jeden Werktag mit dem Claas-Werksbus von Paderborn nach Harsewinkel: über eine Stunde Hinweg und das Ganze am Nachmittag wieder retour. Die Arbeit begann um 6:30 Uhr – da kann man sich vorstellen, wann mein Vater aufstehen musste. Nach Harsewinkel zu ziehen war eine riesige Zeitersparnis für ihn. Der immer gleiche Wochenrhythmus und vermutlich auch die berufliche Eintönigkeit waren schon eine besondere Herausforderung. In der Produktion zu arbeiten hieß vor allem, ordentlich ranzuklotzen. Die Leistung der Belegschaft und natürlich auch die meines Vaters bestand darin, pünktlich zu kommen und den Laden am Laufen zu halten.

Die IG Metall war eine wichtige Institution der Mitbestimmung und gab meinem Vater das Gefühl, dem kapitalistischen System nicht völlig ausgeliefert zu sein. Gewerkschaftsmitglied blieb er sein Leben lang. Es wird erzählt, dass der Chef von damals rund 3000 Mitarbeitern es sich nicht nehmen ließ, jeden Morgen mit dem Fahrrad durch die Werkshallen zu fahren, um nach dem Rechten zu sehen. Gelegentlich hielt er auch mal an und unterhielt sich mit seinen Mitarbeitern. Ob er meinen Vater kannte oder jemals ein Wort mit ihm gewechselt hat, kann ich nicht sagen. Ich gehe eher davon aus, dass sie sich vom Sehen her kannten und sich auf eine distanziert-höfliche Art grüßten, so wie man das in Ostwestfalen eben macht.

Wer von Gütersloh die Bundesstraße 513 Richtung Harsewinkel fährt, sieht kurz vor Marienfeld zu seiner linken Hand den östlichsten Nato-Flughafen der Welt. Der Betrieb wurde mittlerweile eingestellt; über 70 Jahre nach Kriegsende ziehen die Briten wieder ab. Laut Wikipedia wurde der Flugplatz Mitte der 1930er Jahre für die deutsche Luftwaffe gebaut. Nach kurzer Nutzung durch die Amerikaner im Jahr 1945 wurde er bis zu seiner Schließung von der britischen Royal Air Force und der britischen Armee genutzt. Viele der dort stationierten Soldaten wohnten in den eigens dafür errichteten Hochhäusern auf Dammans Hof in Harsewinkel, gleich neben der Gaststätte Falke.

Wer den Flughafen hinter sich lässt und weiter die Bundesstraße 513 Richtung Harsewinkel fährt, erkennt nach einigen Kilometern die Umrisse der gewaltigen Domspitze der Harsewinkler St.-Lucia-Kirche. Sie wurde vor mehr als 100 Jahren gebaut und gilt als ein Wahrzeichen der Stadt. Der schön angelegte Kirchplatz nebst dem dazugehörigen Veranstaltungszentrum vermittelt einen Eindruck von früheren Zeiten, als die Kirche noch mehr Autorität und Einfluss genoss. An der Ortseinfahrt steht eine Schutzengelmadonna mit offenen Armen und signalisiert den Ortsfremden, dass sie hier herzlich willkommen sind.

Durch Harsewinkel verläuft die Bahnstrecke der Teutoburger-Wald-Eisenbahn (TWE) von Ibbenbüren über Lengerich und Versmold nach Gütersloh, Verl und Hövelhof. Damals fuhr meine Mutter noch mit uns Kindern mit der TWE nach Gütersloh, manchmal auch nach Hövelhof, von wo es weiter nach Paderborn ging. Bahnfahren mit der TWE – das hatte für uns Kinder noch einen Hauch von Abenteuer, denn wir konnten die an uns vorbeiziehenden Häuser jetzt aus der Bahnperspektive betrachten. Das bot eine ganz andere Perspektive.

Den Bahnhof in Harsewinkel muss man mal gesehen haben, er sieht fast immer noch so aus wie zur Zeit seiner Errichtung. Das muss um 1900 gewesen sein. Etwas versteckt zwischen hohen Birken und Ahornbäumen steht er am östlichen Ende der Stadt. Kein Schild zeigt Ortsfremden, wo er zu finden ist. Hat man ihn dann doch gefunden, steht man vor einem alten Gebäude, das wie im Dornröschenschlaf liegt.

Erst neulich ging ich wieder einmal Richtung Bahnhof spazieren. Mittlerweile sind einige Wände der näheren Umgebung mit Graffiti „künstlerisch" veredelt worden. Hier und da liegen Bierflaschen und sonstiger Müll herum, Anzeichen nächtlicher Treffen an einem eher ruhigen Ort. Das Bahnhofsschild hängt nach wie vor über dem zweistöckigen Gebäude, und auch die Laterne, die abends das Schild beleuchtet, wirkt so, als sei sie gerade erst erloschen. Dabei wurde der Personenverkehr schon in den 1970er Jahren eingestellt.

Vom Bahnhofsgebäude bis zum Abfahrtsgleis sind es gerade einmal zehn Meter. Alles wirkt einfach und unkompliziert, einfach ein kleiner ostwestfälischer Provinzbahnhof. Den hinteren Teil des Bahnhofs bildet ein Zufahrtsweg, der überwiegend aus Kopfsteinpflaster besteht. Er erinnert an Pferdekutschen und Reiter, die ihre Produkte in die Lagerhallen des Bahnhofs transportierten, von wo aus sie dann auf die Reise geschickt wurden. Etwa hundert Meter weiter stehen die Lagerhallen der Genossenschaft; hier wurden regionale landwirtschaftliche Produkte für den Weitertransport gelagert.

Wer sich also ein wenig mit der Geschichte des Harsewinkler Bahnhofs und seiner Funktion beschäftigen möchte, sollte einmal einen kleinen Spaziergang Richtung Bahnhof unternehmen. Und er sollte sich beeilen, denn wie zu lesen war, ist der Harsewinkler Bahnhof an einen lokalen Geschäftsmann verkauft worden, der daraus vermutlich einen Gastronomiebetrieb oder ein Veranstaltungszentrum machen möchte. Das bedeutet mit höchster Wahrscheinlichkeit, dass das Gebäude in dieser Form nicht mehr lange zu sehen sein wird. Der Umbau soll bald beginnen, die alte Bahnhofsfassade wurde bereits aufgearbeitet.

Ganz in der Nähe des Bahnhofs steht das Traditionsgasthaus Bergmann. Hier findet jeder Gast ein Quartier und etwas Gutes zum Essen, und an der Theke lässt sich – wie vor 50 Jahren auch – der Feierabend einläuten.

Die Eisenbahn übt auf viele Kinder eine besondere Faszination aus: diese riesigen stählernen Kolosse, die da über die Schienen donnern und die Erde erzittern lassen. Oft zählten wir die Anzahl der Waggons, die an uns vorbeiratterten; es waren eine ganze Menge. Der Klang des Zugwarnsignals beim Queren von Kreuzungen ist mir bis heute im Ohr geblieben – ein ganz besonderer Klang, den ich nur aus dieser Gegend kenne.

Ständig wurden wir ermahnt, keine Gegenstände wie Flaschen, Steine oder Äste auf die Schienen zu legen, da die Eisenbahn sonst entgleisen
könnte. Das taten wir auch nicht, sondern begnügten uns mit kleineren Gegenständen wie Ein-,
Zwei- oder auch Zehn-Pfennig-Münzen. Diese legten wir heimlich auf die Gleise und warteten dann
in einem sicheren Versteck auf die Eisenbahn, die
sich aus der Ferne durch ihr besonderes Hupsignal
ankündigte. Schnaufend kam der Koloss aus Stahl
immer näher. Aus unserem Versteck heraus konnten wir beobachten, wie er über unsere Münzen
fuhr und sie einfach plattwalzte. Es war ein herrli-
ches Gefühl, danach das Resultat unserer kreativen
Aktion zu begutachten.

Später machten haarsträubende Geschichten in
Zusammenhang mit der Eisenbahn die Runde. Wer
da von den Kindern und Jugendlichen so eine aus-
ufernde Fantasie hatte, entzieht sich meiner Kenntnis, aber sie hatte eine nachhaltige Wirkung. Da
war das Gespräch von Mutproben, von Leuten, die
sich in Löchern unter den Bahnschienen versteck-
ten und darauf warteten, dass die Eisenbahn über
sie hinwegfuhr. Und als ob solche Geschichten
nicht schon genug Angst erzeugt hätten, wurde
noch einer draufgesetzt: So sollen die Lokführer
von diesen Mutproben gehört und als Gegenmaß-
nahme Eisenstangen unter der Lok befestigt haben,

die beim Fahren wild um sich schlagen und alles plattmachen, was sie erwischen, also auch die Kinder, die sich angeblich unter den Schienen befinden. Diese Geschichten sprachen sich schnell herum – auch ohne Facebook, Twitter oder WhatsApp, denn das alles gab es Mitte der 1960er Jahre ja noch nicht.

Die Werkshallen des Landmaschinenherstellers Claas wurden entlang der Bundestraße 513 gebaut. Ein riesiges Firmenareal in der ostwestfälischen Pampa, aber irgendwie passt es in die ländliche Gegend, genauso wie das heutige Traktor-Pulling, wo Landmaschinen zu gewaltigen Monstermaschinen umgebaut werden. Ja, ja, wer hat den Größten?

In den 1960er Jahren erlebte die Firma Claas einen gewaltigen Aufschwung und schuf jede Menge Arbeitsplätze für Leute aus nah und fern. Das ist auch der Grund, warum die Einwohnerzahl der Stadt so stark stieg. Die zunehmende Industrialisierung der Landwirtschaft schuf neue Formen der Arbeit, führte aber auch zu einer zunehmenden Mobilität. Um die Relationen zu veranschaulichen: Im Jahr 1939 hatte Harsewinkel 3813 Einwohner, im Jahr 1972 waren es schon 11 308, also ein Zuwachs von fast 300 Prozent.

Dieser Zuwachs hat mit der Entwicklung des Unternehmens Claas zu tun, das stetig wuchs. Schon vor dem Zweiten Weltkrieg entwickelten die findigen Brüder Claas nützliche Dinge für die Heuernte, zum Beispiel ein technisches Gerät, das Heuballen mechanisch zusammenknoten kann, den sogenannten Knoter. Der Knoter war das erste Patent der Gebrüder Claas und wurde in eine eigens dafür konstruierte Maschine integriert. Das Ergebnis sind tadellos aussehende, gut verknotete rechteckige Heubündel, die sich prima in Scheunen oder Lagerräumen verstauen lassen. Später entwickelten und bauten die findigen Ingenieure große, komplexe Erntemaschinen, die sie bis heute weltweit vertreiben.

Die Stadt Harsewinkel zeigt ihre Dankbarkeit gegenüber der Firma Claas auf vielfältige Weise: Straßennamen und Schulgebäude tragen den Namen der Firmengründer. Mittlerweile erinnern auch Ortseingangstafeln die Autofahrer daran, dass in Harsewinkel nicht nur „Harse", also „Horse" (Pferde) zu Hause sind, sondern auch Europas größter und bekanntester Landmaschinenhersteller. Vieles in Harsewinkel weist auf die Bedeutung der Firma Claas hin. Selbst die Stadtchronik betont die herausragenden Leistungen der Firmengründer, die viele Arbeitsplätze in Harsewinkel geschaffen und der Stadt zu Wohlstand verholfen haben.

Was allerdings die vielen tausend Mitarbeite-
rinnen und Mitarbeiter betrifft, die durch ihre Arbeit das Unternehmen zu dem gemacht haben, was
es heute ist – von denen lesen wir weder etwas in
der Stadtchronik, noch sind irgendwelche Straßen
nach ihnen benannt worden. Ihre Namen standen
hauptsächlich auf den Stempelkarten neben der
Stechuhr an den Werkseingängen, auf denen ihr
Kommen und Gehen dokumentiert wurde. Vielleicht wäre es an der Zeit, auch für diese Menschen
ein Denkmal zu setzen, denn sie haben Harsewinkel auch zu dem gemacht, was es heute ist. Dafür
wären eigentlich die Genossen von der SPD zuständig, nur mal so als Vorschlag. Eine Willy-
Brandt-Straße, ein Willy-Brandt-Platz oder gar eine
Willy-Brandt-Schule war noch nie Thema.

Dort, wo die Bundesstraße in nördlicher Richtung wieder aus der Stadt hinausführt und wo
schon langsam die Bauernschaften zu erahnen
sind, steht das Haus, in welches wir Mitte der
1960er Jahre einzogen. Ein Neubau mit vier Wohnungen, ausgerichtet für Familien mit mindestens
zwei Kindern. Auch in der unmittelbaren Nachbarschaft wurden gewaltige Häuserkomplexe errich-
tet. Was früher einmal Bauernschaft war, das war
von nun an Wohngebiet.

1965 bezogen wir also unsere Wohnung in der
Droste-Hülshoff-Straße in Harsewinkel. Wir, das

sind meine Eltern, meine zwei älteren Brüder, meine jüngere Schwester und ich. Die Wohnung lag nicht weit entfernt von der Firma Claas. Vom Balkon aus konnten wir die zwei riesigen Öltanks bestaunen, die vermutlich für die Wärme im Unternehmen sorgten. Einer davon soll einmal in die Luft geflogen sein, aber wann das genau war, entzieht sich mittlerweile meiner Kenntnis. Zum Haus gehörten eine Rasenfläche sowie vier Parzellen zum Gemüseanbau. Damals war es noch üblich, sich selbst mit Obst und Gemüse zu versorgen. Allerdings nutzte nicht jede Familie diese Möglichkeit: Bis auf ein paar Erdbeeren und etwas Rhabarber gab es bei uns nichts zu ernten und wenn doch, wurde die „Ernte" innerhalb weniger Minuten von uns Kindern aufgefuttert.

In der unmittelbaren Umgebung unseres Hauses wurden noch größere Flächen bewirtschaftet – ein Hinweis darauf, dass unser Haus vermutlich auf einem Acker oder einer landwirtschaftlichen Fläche gebaut wurde. Hauptsächlich wurde Weizen und Gemüse gepflanzt. Ich kann heute noch sagen, wie ein Kartoffelkäfer aussieht, der in den 1960er Jahren Hochkonjunktur hatte und heute so gut wie ausgerottet ist. Dass wir in dieser Gegend wohnten, hatte gewisse Vorteile, denn so lernten wir auch etwas über die Landwirtschaft und regionale Erzeugnisse, also Dinge, denen während meiner Schulzeit wenig Beachtung geschenkt wurde.

Als wir unsere neue Wohnung in Harsewinkel bezogen, war das für die ganze Familie ein völlig neuer Lebensabschnitt. Einfach die Stadt wechseln, von Paderborn nach Harsewinkel ziehen, das macht man nicht einfach so, sondern so ein Schritt muss gut überlegt sein. Und oft ist es auch die ökonomische Situation, die Menschen dazu bringt, ihr Glück in einer anderen Stadt zu versuchen. Die finanzielle Abhängigkeit und die damit verbundenen Verpflichtungen ließen wenig Freiraum für berufliche Experimente. Meine Eltern kamen aus bescheidenen Verhältnissen und am Ende des Monats war das Geld meist knapp. An der Arbeit meines Vaters hing unsere gesamte Existenz: Miete, Essen, Kleidung, einfach alles. Meiner Mutter ging abends noch bei Claas Büros putzen und mein Vater arbeitete nebenbei in einer nahe gelegenen Gaststätte, wo er meist hinter der Theke stand.

Das Lebensgefühl dieser Zeit war eine Mischung aus Demut und Dankbarkeit: Demut vor der Chance, nicht mehr moralisch und materiell ausgebrannt zu sein wie in den Jahren nach dem Krieg, und Dankbarkeit für die bescheidenen Chancen, die sich boten. Meine Eltern wollten es anders machen als ihre Eltern und auch wir Kinder sollten es einmal besser haben als sie. Wir hatten zu essen, ein Dach über den Kopf und durften zur Schule gehen, um etwas zu lernen. Das war damals schon eine ganze Menge, denn unsere Eltern hatten sicher nicht so eine behütete Kindheit wie wir, sondern wuchsen in ganz anderen Umständen auf. Auto, Fernseher, Waschmaschine und Kühlschrank – das waren die Wohlstandssymbole der 1960er Jahre. Sie ermöglichten vielen Menschen eine völlig neue Form des Konsums. Natürlich gab es soziale Unterschiede, aber dennoch hatte jeder hatte das Gefühl, vom Wirtschaftsaufschwung zu profitieren.

Küche und Wohnzimmer bildeten das Zentrum der Familie. In der Küche stand ein großer Kohleofen, der für Wärme in der gesamten Wohnung sorgte. Zugleich diente er als Kochstelle, denn man konnte auf ihm kochen wie zu Omas Zeiten. Und es wurde mit Gas gekocht. Ein vierflammiger Herd stand ebenfalls in der Küche, die dazugehörigen Gasflaschen wurden von einer regionalen Firma angeliefert. Die Küche war auch der Ort, wo die Schularbeiten gemacht wurden, während Muttern bügelte oder das Essen kochte.

Es gab zwei Kinderzimmer: In einem wurde gespielt und in dem anderen geschlafen. Vier Betten in einem Zimmer, Platz war knapp, also schliefen wir in Stockbetten übereinander. Abends wurde es nie langweilig, denn es gab immer was zum Erzählen. Oder ich konnte den Geschichten lauschen, die da erzählt wurden, und dabei gemütlich einschlafen. Ich bin heute froh, dass ich nicht allein aufwachsen musste. Eine große Familie zu haben bedeutet ja auch viel sozialen Kontakt und Austausch untereinander. Was es bei Muttern nicht gab, das gab es bei den Cousinen oder auch Tanten. Zum Spielen war immer genug Verwandtschaft da, und wenn zu Hause nichts los war, gingen wir unseren mit Cousinen und Cousins in die Stadt und hatten Spaß miteinander.

In unserer neuen Wohnung waren Bad und Klo räumlich voneinander getrennt – eine gute Idee. Das Klo war autonomes Gebiet und Rückzugsort zugleich. Dort konnte man sich zurückziehen und in Ruhe seinem Geschäft nachgehen. Das hatte für mich auch etwas Philosophisches, ohne darauf näher einzugehen. Meist lagen dort auch Zeitungen und Comics, deutliche Anzeichen längerer Aufenthalte; das Geschäft wurde gelegentlich zum Ritual.

Duschen waren noch nicht sehr verbreitet, das war angeblich purer Luxus und Ressourcenverschwendung. Samstag war meist Badetag. Dann wurde der Ofen eingeheizt, bis das das Wasser warm war. Anschließend wurde es in die Wanne gelassen und einer von uns musste in die heiße

Suppe steigen und sich waschen. Das war an und für sich in Ordnung. Problematisch wurde es, wenn man nicht der Erste war, der in die Wanne stieg. Warmes Wasser war knapp, besonders im Winter, wenn der Ofen auch noch die Wohnung heizen musste. Dann wurde es schon mal eng. Wenn zum Beispiel mein ältester Bruder mit dem Baden an der Reihe war, wurde das Wasser danach nur zur Hälfte aus der Badewanne herausgelassen und frisches hinzugefügt – und ich schwamm dann in der Brühe meines Vorgängers. Das ist heute kaum noch vorstellbar.

Badewannen erfüllten neben der Körperhygiene noch andere Zwecke. Nebenan wohnte Familie Rux: Vater, Mutter und deren Kinder (ich meine, es waren drei). Papa Rux war eine richtige Berliner Schnauze, wie man so schön sagt. Gelegentlich fuhr er zum Angeln an die Ems, wo er nach Aalen Ausschau hielt. Einmal war ich nebenan auf Besuch und der Hausherr zeigte mir voller Stolz seine Ausbeute: In der Badewanne schwamm ein großer, schwarzer Aal nervös auf und ab – vermutlich ahnte er, dass sein letztes Stündchen geschlagen hatte. Bei Familienfesten dienten Badewannen auch als zusätzliches Kühlaggregat. Mit reichlich Eis versehen, kühlten sie die Wein-, Cola- und Bierflaschen für das bevorstehende Gelage. Gelegentlich wurde auch die Wäsche in der Badewanne gewaschen, und zwar mit einem Waschbrett und Seifenlauge.

Der Hobbykeller meines Vaters war militärisches Sperrgebiet. Da durften wir Kinder eher selten rein und wenn, dann nur mit ausdrücklicher Erlaubnis. Wir hatten in seinem Refugium nichts zu suchen. Nur wenn wir etwas für ihn aus dem Keller holen sollten, gab er uns den Schlüssel zu seiner Schatzkammer. Wem Einlass gewährt wurde, bekam eine leise Ahnung davon, wie es in ihm tickte: Fein säuberlich waren kleine, mittlere und große Kästchen in den Regalen aufgestapelt. Ordentlich sortiert lagen darin Nägel, Schrauben, Muttern, Unterlegscheiben, Flickzeug für Fahrräder usw. In mühevoller Kleinarbeit hatte er sich hier einen Rückzugsort eingerichtet. Meist sah ich ihn dort, wenn er die platten Reifen unserer Fahrräder flickte. Darin war er ausgesprochen gut.

Neben besagtem Hobbykeller meines Vaters befand sich noch ein weiterer Vorratskeller im Haus. Soweit ich denken kann, stand darin immer eine alte Kiste, in der Kartoffeln über den Winter gelagert wurden. Später diente der Raum als „Spielkeller": ein Ort, wo man sich der Öffentlichkeit entziehen konnte und einfach seine Ruhe hatte – ein 12 Quadratmeter dunkles Loch, das ziemlich muffig roch. Gut, wenn jemand mit Zigaretten zum

Paffen vorbeikam! Im Keller wurde Musik gehört, geraucht, getrunken und zuweilen auch mal rumgeknutscht.

Unser Wohnzimmer glich einer Kommunikationszentrale: Hier fanden alle großen und kleinen Feiern statt, zum Beispiel Kommunionen, Konfirmationen, Geburtstage und Weihnachtsfeiern. Wir brauchten immer viel Platz, denn es kamen ja nicht nur Onkels und Tanten vorbei, sondern meist auch noch der gesamte Anhang. Ein Wohnzimmer voller Menschen, ein Duft von Eau de Toilette, Zigaretten, Kaffee und Bier erfüllte den Raum. Alle hatten sich schick gemacht: Die Männer kamen im weißen Hemd und Schlips und die Frauen im Sonntagskleid und Handtäschchen – solche Festivitäten waren etwas ganz Wichtiges. Wenn unsere Cousins und Cousinen mitkamen, wurde Canasta, Rommé oder Mensch ärgere dich nicht gespielt. Es ging auch ohne Fernseher, Facebook oder Twitter!

Als 1967 das erste Fernsehgerät bei uns im Wohnzimmer stand – ein Schwarzweißgerät von Nordmende –, da war die Aufregung groß. Das Teil brauchte fast eine Minute, bevor es überhaupt irgendeine Funktion zeigte. Wie bei einem Auto musste es erst einmal warmlaufen, damit es vernünftig arbeitete. Um die Frequenz für das richtige Programm anzusteuern, musste man so lange an der Wählscheibe drehen, bis das gewünschte Programm erschien. Davon gab es drei: ARD, ZDF und ein regionales Programm wie den WDR. Kurz nach Mitternacht war Sendeschluss. Dann gab es außer einem schwarzen Bildschirm oder einem Testbild nichts mehr zu sehen.

Samstagabend war Fernsehabend, da saß die ganze Familie vor der Glotze: Muttern im Fernsehsessel, Vater auf der Couch und wir Kinder lümmelten uns in Sesseln oder auf den Boden herum. Die *ZDF-Hitparade* war der absolute Quotenhit. Seit Ende der 1960er Jahre stellte Moderator Dieter Thomas Heck die neuesten Schlager und Hits vor, die von den Interpreten live vor dem Publikum gesungen wurden. Später folgte *das aktuelle Sportstudio* mit Dieter Kürten oder Harry Valérien, das Pflichtprogramm meines Vaters. *Das Wort zum Sonntag* lief jeden Samstagabend, ein kurzer Gastkommentar mit salbungsvollen Sprüchen von kirchlichen Personen, die meinten, dass jetzt wohl die beste Sendezeit sei. Das war die Gelegenheit, vor dem Nachtspielfilm noch mal zum Kühlschrank zu gehen oder eine zu rauchen. Ich erinnere mich an einen Kriegsfilm mit Robert Mitchum oder den Abenteuerfilm *Im Reich des Kublai Kahn* mit Horst Buchholz. Am nächsten Tag ging es dann gleich nach dem Mittagessen weiter mit der *Augsburger Puppenkiste*.

6. Jugendliche Lebenswirklichkeiten

In den 1960er und 1970er Jahren war die Familie das bevorzugte Lebensmodell der Deutschen. Eine Familie zu gründen, miteinander zu leben und bis ins hohe Alter arbeiten zu gehen galt als moralische Pflicht, die selten hinterfragt wurde. Warum auch? Alle machten es so, was kann daran falsch sein? Der Staat propagierte und förderte dieses Familiensystem, die Kirche gab ihren Segen dazu.

Der Wirtschaftsaufschwung versprach materiellen Wohlstand, wenn auch auf unterschiedlichen Niveaus. Man konnte konsumieren und am kulturellen Leben teilnehmen, wenn man es denn wollte. Einmal im Jahr für zwei Wochen nach Malle, Ibiza, Capri, Mykonos oder zum Gardasee – das war schon was und man konnte bis zum nächsten Urlaub davon erzählen. Der Urdeutsche fuhr in den Bayerischen Wald oder an die Nordsee.

Gegen 6:30 Uhr musste der Vater zur Arbeit, danach wurden wir Kinder von der Mutter geweckt und für die Schule fertiggemacht. Muttern kümmerte sich um die Wohnung und den Einkauf. Sie war für die Erziehung zuständig, kontrollierte die Schulaufgaben, kochte das Essen und kümmerte sich um das Abendbrot. Sie wusch unsere

Wäsche, bügelte alles in Form, putzte die Wohnung und organisierte die Familienfeiern. Sie war für das ganze System Familie zuständig.

Der Vater galt als „Haushaltsvorstand", was immer das zu bedeuten hatte. Wer das Geld anschaffte, galt als ranghöchstes Familienmitglied, dem sich die Frau nebst Kindern unterzuordnen hatten. Gehorsam wurde noch großgeschrieben; wer nicht gehorchte, dem drohte Ungemach. Frauen, die sich mit dem patriarchalischen System nicht anfreunden konnten oder sich ihm widersetzten, galten als hysterisch und widerspenstig. Eine selbstbewusste Frau durfte es in der Ehe nicht geben, sie sollten zum Pascha aufblicken und ihm jeden Wunsch erfüllen. Männer waren es nicht gewohnt, partnerschaftlich und auf Augenhöhe mit ihren Frauen zu reden.

Gelegentlich kam es vor, dass Frauen von ihren Männern beschimpft und sogar geschlagen wurden, weil sie sich nicht fügten oder sich ihren Männern verweigerten. Die gewalttätigen Männer waren stadtbekannt. Sie schlugen nicht nur ihre Frauen, sondern auch ihre eigenen Kinder. Wenn sie betrunken nach Hause kamen, fingen sie an, ihren Frust an anderen abzulassen. Was muss in einem Menschen vorgehen, der anderen Schmerzen zufügt, um sich selbst zu spüren? Diese Frage blieb für mich damals unbeantwortet.

Dass eine Frau auch etwas verlangt oder gar fordert, dafür gab es von den Männern selten Verständnis; sie war überwiegend dazu da, dem Haushaltsvorstand den Rücken zu stärken, die Kinder zu versorgen und den Haushalt zu organisieren. Das Geschlechterleben spielte sich meist in Schwarz-Weiß-Kategorien ab. Mit Liebe hatte das wenig zu tun.

Die drei Ks – Kinder, Küche, Kirche – beschrieben jahrzehntelang das vorherrschende Frauenbild in der deutschen Gesellschaft. Wer diese gesellschaftliche Norm in Frage stellte oder sich gar anders verhielt, wurde als Querulant oder psychisch auffällig stigmatisiert. Es galt, deutschen Anstand und deutsche Sitten zu bewahren, egal, wie hinterwäldlerisch sie auch waren.

Diesen Umstand machte sich die Industrie zunutze, indem sie Werbesprüche erfand wie „Bauknecht weiß, was Frauen wünschen" oder „Ariel wäscht nicht nur sauber, sondern rein" oder der Persilonkel im Fernsehen, der ständig predigte: „Persil. Da weiß man, was man hat. Guten Abend." Die Tabakindustrie setzte noch einen drauf und erfand den Spruch für aggressive Männer: „Wer wird denn gleich in die Luft gehen? Greife lieber zur HB!" Problembewältigungsstrategien konnten so einfach sein, wenn man an sie glaubte.

Der Krieg war noch nicht lange vorbei und die Elterngeneration war froh, dass die Zeiten der Angst, des Hungers und der Zerstörung endlich zu Ende waren. In einem sozial akzeptablen Rahmen konnte sich jeder und jede eine eigene kleine Welt schaffen, die auf die individuellen Bedürfnisse abgestimmt war. Man hatte zu essen und man hatte zu trinken, ein Dach über dem Kopf und bescheidenen Wohlstand. Meine Elterngeneration kannte noch die Schrecken des Krieges und wusste, was Hunger ist und was Angst bedeutet. Viele ihrer Väter fielen in Russland oder Frankreich oder kamen erst viele Jahre später aus der Kriegsgefangenschaft zurück, ausgezehrt und desillusioniert. Über das Trauma des Krieges sprachen sie nie. Wir konnten nur ihre äußeren Verletzungen sehen und ahnen, was geschehen war. Die inneren Verletzungen und das Ausmaß ihrer Wirkung behielten sie für sich – meist ein Leben lang.

Der Höhepunkt der Woche war das sonntägliche Mittagessen. Meist kochte die Mutter, aber gelegentlich stand auch der Vater mal hinterm Herd. Männer, die kochten, waren eher die Ausnahme, aber sicher gab es einige wenige, die sich am Herd behaupteten. Bei uns zu Hause gab es sonntags meist eine kräftige Rinderbrühe, mit Buchstabennudeln und Eierstich, anschließend den obligatorischen Schweinebraten mit Soße. Dazu wurden Kartoffeln und Gemüse gereicht. Die Erbsen und Möhren aus der Dose schmeckten furchtbar. Selbst die Zugabe eines Stücks Butter oder Margarine konnte den Geschmack nicht aufwerten. Dagegen hatte der Kopfsalat, der mit Essig, Zucker und Dosenmilch mariniert wurde, schon Gourmetqualität. Besonders beliebt waren Mutterns geschmorte Rindrouladen mit Rotkohl und Klößen. Aber auch ihr eingelegter Sauerbraten mit Rosinen und Lebkuchen fand reißenden Absatz.

Krönender Abschluss des Mittagessens war der Nachtisch. Den Industriepudding aus der Tüte, meist Schoko- oder Vanillegeschmack, mochte jedes Kind, genauso wie den Wackelpudding. Da gab es kein Halten mehr, wenn dieser im grünlichen Waldmeisterton mit Vanillesoße serviert wurde.

Gelegentlich holten wir uns auch Eis von Pedro zum Nachtisch, der das Eis-Molin in der Stadt betrieb. Eine Kugel Eis kostete ungefähr 20 Pfennig, eine Familie mit insgesamt sechs Personen investierte da schon mal fünf Mark und bekam dafür eine riesige Schüssel mit bunten Eiskugeln.

Wenn Besuch am Nachmittag da war, wurde Kuchen serviert, den wir beim Konditor Buchmann in der Innenstadt kauften: riesige Platten mit Käsekuchen, Schwarzwälder Kirschtorte, Apfelkuchen, Nussecken, Hefeteilchen sowie Zitronen-, Nuss- und Schokoladenkuchen. Irgendwie schmeckte der Kuchen damals noch nach Liebe zum Handwerk. Muttern machte gelegentlich auch „Kalte Schnauze", einen Kuchen bestehend aus aufgeschichteten Plätzchen und dazwischen eine Schokoladenmasse, wohl ein Rezept aus ihrer Kindheit.

Wenn kein Besuch kam und auch sonst nichts los war, verbrachten wir Kinder den Sonntagnachmittag meist vor der Glotze. Die geburtenstarken Jahrgänge der 1960er Jahre waren auch eine Herausforderung für die Sendeanstalten, die sich Gedanken um die zukünftige Generation von Fernsehkonsumenten machen mussten. Absoluter Favorit für mich war – ich erwähnte es schon – die *Augsburger Puppenkiste* und hier insbesondere *Urmel aus dem Eis*, ein kleiner, liebenswürdiger Dinosaurier, der Ende der 1960er Jahre die Herzen der Kinder eroberte. Ein Puppentheater für kleine und große Kinder, ohne viel Schnickschnack, aber mit viel Fantasie. Und dann gab es auch diese vielen großartigen Tarzanfilme mit unterschiedlichen Besetzungen. Lex Barker, Johnny Weissmüller und Ron Ely lieferten gut ab, den Tarzanschrei beherrschten alle perfekt.

Kennt jemand von euch noch die Cartwrights aus der Serie *Bonanza*? Hoss, Adam, Little Joe, die mit ihrem Pa zusammen auf der Ponderosa Ranch in der Nähe von Virginia City leben.

Überhaupt wurden viele Serien in den Staaten produziert und hergestellt: *Rauchende Colts*, *Die Waltons*, *Flipper* oder *Lassie*. Meine Lieblingsserie hieß: *Immer wenn er Pillen nahm*, die ab 1970 im deutschen Fernsehen lief. Wissenschaftler erfinden per Zufall eine Wunderpille, die außergewöhnliche Fähigkeiten verleiht. Zum Leidwesen der Erfinder wirkt die Pille jedoch nur bei einigen Tieren. Bei Menschen ist sie unwirksam – bis auf eine Ausnahme: den schwächlichen und schüchternen Tankwart Stanley Beamish. Nach Einnahme der Superpille entwickelt er Selbstbewusstsein, Superkräfte und kann sogar fliegen.

Gemeinsame Aktivitäten wurden gern fotografisch festgehalten. So entstanden eine Menge Fotos, die ihre letzte Ruhe in diversen Fotoalben, Schuhkartons oder sonstigen Behältnissen fanden: Urlaube, Hochzeiten, Kommunionen, Konfirmationen, Geburtstage, Ausflüge oder einfach nur Alltagssituationen. Man sieht Männer in weißen Hemden, mit und ohne Weste, gelegentlich mit Schlips oder gar mit einem Taschentuch in der linken Anzugsbrusttasche. Bei Bedarf nahm man es mit der rechten Hand heraus und überreichte es einer Frau – man war ja Gentleman.

Bei festlichen Anlässen trugen die Frauen meist Röcke, Nylonstrumpfhosen und Stöckelschuhe. Hinzu kamen noch die großen, schweren Perlenketten oder Riesenklunker, die sie um ihren Hals legten. In ihren obligatorischen Handtaschen horteten sie diverse Düfte, Taschentücher, Lippenstift und Lidschatten – eine ganz eigene Welt mit einer ganz eigenen Logik.

Wir Kinder begnügten uns mit weniger Aufwand, obwohl auch wir schon mal wie die Erwachsenen herumliefen. Der Anzug mit Schlips war uns ein Graus, auch die alternative Fliege, die aussah wie ein Propeller, der an unserem Hals hing, entfachte in uns keine Jubelstürme. Kürzlich fiel mir ein Foto in die Hände, wo meine jüngere Schwester auf meiner Kommunionsfeier zu ihrem weißen Kleid einen überdimensionalen rot-weiß gestreiften Schlips trägt. Das unsympathischste Kleidungsstück, das ich je tragen musste, war ein Rollkragenpullover aus Nylon – einfach nur grauenhaft. Wer so ein Kleidungsstück erfunden hat, war wohl schlecht auf die Menschen zu sprechen: Es kratzt, ziept und macht komische Geräusche. Wie eine zweite Haut liegt dieses plastikähnliche Teil eng am Körper und quält dich den ganzen Tag.

Wie ich schon kurz andeutete, fanden Familienfeiern meist in den eigenen vier Wänden statt. Die Frauen kümmerten sich ums Essen und die Männer um die Getränke, eine in logistischer Hinsicht nicht zu unterschätzende Aufgabe. Manch Verwandter war schon vor dem Mittagessen ziemlich betrunken und musste dann ein Schläfchen einlegen. Die Männer tranken Bier, die Frauen Likörchen oder Weißwein. Frauen, die Bier bevorzugten, gingen gar nicht. Sie galten als unweiblich und irgendwie sonderbar. Eine Frau, die es den Männern nachmachte und sich genauso verhielt wie sie, zeigte, dass sie wenig Wert auf Rollenunterschiede legte – eine unmissverständliche Provokation.

Wenn eine Frau sich von ihrem Mann trennte, war das ein Skandal. Eine Frau hatte ihren Mann nicht zu verlassen – und wenn sie es doch tat, wurde ihr unterstellt, dass sie einen anderen Mann hatte oder nur auf den Unterhalt des Mannes aus war, also niederträchtige Motive hatte. Es war undenkbar, dass eine Frau sagt, dass sie den Alten zu Hause einfach nicht mehr erträgt. Verließ hingegen der Mann seine Frau, hieß es: Die Frau taugt nichts, geht fremd, verweigert sich ihm oder was weiß ich – der Mann war immer das Opfer. Was heute als selbstverständlich erscheint, wie zum Beispiel eine Trennung im gegenseitigen Einvernehmen, galt in meiner Jugend als Tabubruch. So was macht man nicht, hieß es. Über Ursachen wurde selten geredet und Empathie gegenüber den betroffenen Frauen war eher die Ausnahme. Dass eine Frau nach der Trennung oft mit drei oder vier Kindern völlig mittellos dastand, sah fast niemand oder wollte niemand sehen.

Über Gefühle wurde selten gesprochen; das musste jeder mit sich selbst ausmachen. Sein Innerstes nach außen zu kehren galt als unmännlich und Zeichen von Schwäche. Wenn jemand traurig oder von etwas enttäuscht war, behielt man es für sich. Die Eltern machten es uns vor, und wir übernahmen die gleichen Muster.

Für ein Kind ist es furchtbar, wenn es in seinen Bedürfnissen nicht wahrgenommen wird. Oft hieß es: „Stell dich nicht so an", „Hör jetzt auf damit" oder „Hör endlich auf zu heulen". Wenn es um solche Dinge ging, waren die Eltern völlig überfordert. Sie waren nicht in der Lage, auf die Bedürfnisse ihrer Kinder einzugehen, weil sie es selbst ja auch nicht besser kannten. Sie wussten oft nicht, was sie tun sollten, und begegneten kindlichen Wünschen nach Nähe und Zuwendung mit Ablehnung oder gar Abwertung ihrer Bedürfnisse. Offenbar stellen Gefühle für unsere Elterngeneration etwas Bedrohliches dar.

Meist kam es noch schlimmer. Wenn zum Beispiel ein Kind nicht aufhören wollte zu weinen, gabs noch eine Tracht Prügel obendrauf. Die Folge ist, dass ein Kind Traurigkeit als einen gesellschaftlich unerwünschten Zustand erlebt, der negative Konsequenzen hat. Es gilt, immer den Starken zu spielen, auch wenn du dich gar nicht so fühlst – trotzdem wird es von dir verlangt. Die Aneignung solcher Verhaltensweisen, die mit der tatsächlichen Befindlichkeit eines Menschen meist wenig zu tun haben, hat natürlich Folgen für das ganze Leben. Du spielst deine Rolle so gut wie möglich, aber du fühlst dich nicht wohl dabei, weil es nicht ehrlich ist. Wie viele Kinder meiner Generation musste auch ich erleben, dass es nicht zu den vorrangigsten Aufgaben der Eltern gehörte, Kinder zu trösten oder ihnen Verständnis entgegenzubringen.

Die heile Familienwelt gab es nur in den Heimatfilmen der Nachkriegszeit, projektive Sehnsüchte der Deutschen, verbannt auf eine Rolle Zelluloid. Die *Deutsche Wochenschau* wurde durch kitschige und biedere Hollywoodfilme abgelöst. Vom Krieg wollte niemand mehr etwas wissen und schon gar nicht darüber sprechen. In der Flimmerkiste gab es das ersehnte Glück: Familienidylle im selbstgebauten Eigenheim, Vater liest im Anzug die Sonntagszeitung, während Muttern mit Hingabe hinterm Herd steht, die Kinder spielen brav und artig im Garten, nach dem Mittagessen geht man gemeinsam im feinen Gewand spazieren und genießt das Leben. Man durfte noch träumen, besonders dann, wenn die Träume der Realität wichen. Der Vater war die ganze Woche über auf Schicht und am Wochenende froh, dass er auf dem Sofa seine geliebte Sportschau sehen konnte. Haushalt, Schule, Erziehung – das alles war nicht sein Ding, sondern Sache der Frau, wie übrigens das meiste Frauensache war, was sich in den Familien abspielte. Wir Kinder fanden unsere heile Welt in den Abenteuerromanen von Karl May, Daniel Defoe oder Herman Melville. Oder wir solidarisierten uns in Westernfilmen mit John Wayne, Gary Cooper und James Stewart. Die Helden, zu denen wir aufblickten, gaben uns Mut, Ehre, Selbstachtung, Ausopferungswillen und ein ausgeprägtes Gerechtigkeitsgefühl.

Die Pädagogik meiner Jugend fand überwiegend in den deutschen Großstädten statt. Konkrete Sozialarbeit war Teil des öffentlichen Fernsehens, das aus insgesamt drei Programmen bestand. Ich erinnere mich an Kindersendungen, die wohl fast jedes Kind meiner Generation sah: die *Augsburger Puppenkiste* mit *Urmel aus dem Eis* oder *Jim Knopf und die wilde 13*, an *Wickie und die starken Männer*, die *Biene Maja*, das *feuerrote Spielmobil*, *Sesamstraße* mit Ernie und Bert und dem Krümelmonster oder wir sahen amerikanische Serien wie *Unsere kleine*

Farm oder *Die Waltons*. Diese Sendungen vermittelten eine Welt, wie wir sie uns als Kinder wünschten: hell, bunt, spannend, aufregend und immer mit einem guten Ende. Wer hätte nicht gern einen größeren Bruder wie den Bastian gehabt? Bastian (gespielt von Horst Janson) wird von allen gemocht, weil er sympathisch, nett und hilfsbereit ist. Er ist ein Lebenskünstler, der das System von preußischer Ordnung und Arbeitsethik durchschaut hat. Ihm zur Seite steht Oma Guthmann, gespielt von Lina Carstens, die sich liebevoll um ihren Bastian kümmert. Und dann gab es auch noch eine Menge amerikanische Serien, die im deutschen Fernsehen ausgestrahlt wurden, zum Beispiel *Daktari, Bonanza, Rauchende Colts, Raumschiff Enterprise* oder *Die Straßen von San Francisco*, Fernsehen für große Jungs oder solche, die es werden wollten.

Fernsehen war meist ein kollektives Erlebnis. Es kam bei uns zu Hause selten vor, dass ich allein vorm Fernseher saß. Die *ZDF-Hitparade* mit Moderator Dieter Thomas Heck war ein Muss für jede Familie. Jeden Samstagabend saßen wir voller Spannung im rappelvollen Wohnzimmer und warteten darauf, dass irgendein Schlagerfuzzi die Bühne betrat. Im Grunde handelte es sich bei der *Hitparade* um einen Wettbewerb, bei dem die Zuschauer via Telefon ihre Kandidaten wählen konnten. Diejenigen, die die meisten Stimmen erhielten, durften in der nächsten Sendung wieder auftreten. Der Schlager ist ein Phänomen, das sich über viele Jahre erhalten hat, bis heute – genauso wie der Eurovision Song Contest, den es schon seit mehr als 60 Jahren gibt. In meiner Jugend waren es Roy Black, Rex Gildo, Gitte, Mary Roos, Vicky Leandros, Marianne Rosenberg, Bernd Clüver, Tony Marshall, Christian Anders, Freddy Quinn, Ireen Sheer, Frank Zander, Boney M. oder die Les Humphries Singers, die ständig zu Gast in der *Hitparade* waren.

Ich konnte dem deutschen Schlager wenig abgewinnen, aber als kollektives Hörererlebnis im Kreis der Familie erinnere ich mich gern daran. Marianne Rosenberg war für mich das hübscheste Mädchen auf diesem Planeten. Meist sang sie im Fernsehen in einem langen, dunklen und enganliegenden Kleid. Ihre schwarzen Haare, die dunklen Augen und ihre verführerische Stimme hatten immer etwas Besonderes – ich glaube, viele Jungs waren damals in sie verliebt.

Der Lieblingsmoderator der Deutschen war unangefochten Rudi Carrell. Mit seinem holländischen Dialekt und seinem besonderen Charme wurde Carrell das Flaggschiff der deutschen Fernsehunterhaltung. Er konnte singen, moderieren und die Massen bei Laune halten. Wenn er auf der Bühne war, wurde es selten langweilig. Seine

Samstagabendshow *Am laufenden Band* war eine der populärsten Sendungen der 1970er Jahre. Gegen Ende der Sendung durften die Gewinner der Sendung in einem Korbstuhl Platz nehmen und mussten sich Gegenstände merken, die auf einem Fließband an ihnen vorbeiliefen. Jeder gemerkte Gegenstand stand symbolisch für einen Preis. Das konnte eine Reise, ein Auto oder ein Farbfernseher sein.

Hans Rosenthal war Moderator der Rateshow *Dalli Dalli*. Sie lief von 1971 bis 1986 im Abendprogramm des ZDF. Rosenthal, etwas klein geraten und deshalb auch liebevoll „Hänschen" genannt, war stets gut gelaunt und betrat stilgerecht mit Anzug und Schlips, manchmal auch mit Fliege, die Bühne. Das Publikum mochte ihn und seine eher zurückhaltende Art. Acht Prominente traten in Zweierteams gegeneinander an und mussten Begriffe assoziativ und zur Frage passend erraten. Revolutionär war sein „Das war Spitze!"-Sprung und dessen anschließende Wiederholung in Zeitlupe – damals eine technische Meisterleistung.

Eduard Zimmermann war der Omaschreck der 1970er Jahre. Die Sendung *Aktenzeichen XY ungelöst*, die es auch heute noch gibt, prägte viele Jahre die Sehgewohnheiten der Deutschen. Hier wurden echte Kriminalfälle vorgestellt und mithilfe der Zuschauer teilweise aufgeklärt. Parallel dazu gab es

Liveschaltungen nach Wien und Zürich. Eduard Zimmermann moderierte die Sendung bis 1997.

Das Fernsehen veränderte natürlich das soziale Miteinander: Wir mussten nicht mehr die Nachbarn fragen, ob wir bei ihnen fernsehen durften. Und die Männer mussten nicht mehr in die Kneipe gehen, um sich ein Fußballspiel anzusehen – das ging von nun an auch bequem vom Sofa aus. So wie heute das Internet das Leben der Menschen auf vielfältige Weise verändert hat, veränderte das Fernsehen der 1960er und 1970er Jahre das Konsumverhalten der Menschen – und natürlich auch ihren Horizont. Plötzlich konnte man Nachrichten aus der ganzen Welt sehen oder live an Bundestagsdebatten teilnehmen.

Doch wo Licht ist, da ist auch Schatten. Die Fernsehwerbung bot völlig neue Formen der Produktvermarktung und setzte stark auf die Wirkung von Bildern und Emotionen; dadurch erreichte sie die breite Masse der Bevölkerung. Typische Werbeslogans dieser Zeit waren: „Persil. Da weiß man, was man hat"; „Ariel wäscht nicht nur sauber, sondern rein"; „Pack den Tiger in den Tank"; „Haribo macht Kinder froh und Erwachsene ebenso"; „Mars – bringt verbrauchte Energie sofort zurück"; „Bauknecht weiß, was Frauen wünschen"; „Drei Dinge braucht der Mann: Feuer, Pfeife, Stanwell"; „Hoffentlich Allianz versichert"; „mit Maggi macht das Kochen Spaß" oder „Ado Gardinen: Achten Sie auf die Goldkante – es lohnt sich". Es ist schon erstaunlich, wie viele Werbeslogans einem einfallen, ohne großartig darüber nachzudenken. Die Nachhaltigkeit solcher Sprüche verdanken wir intelligenten Marketingstrategen, die bewusst ihre Produkte mit einem bestimmten Lebensgefühl verbanden.

7. Kinder am Rövekamp

Zu einer ostwestfälischen Familie gehörten mindestens zwei Kinder, meist waren es mehr. Kinder waren die Zukunft und galten als Teil der sozialen Absicherung. Die Eltern versorgen die Kinder und im Alter ist es umgekehrt – eigentlich logisch, wie ich meine. Ich kannte fast jedes Kind aus unserer Gegend mit Namen und wusste, wo es wohnte. Manche kamen aus einem begüterten und manche aus einem eher weniger begüterten Elternhaus. Damals waren diese sozialen Unterschiede für uns Kinder eher unbedeutend, weil wir sie gar nicht bemerkten. Sie wurden mir erst richtig bewusst, als es um Berufsentscheidungen und Lebensziele ging.

Fußball war in meiner Kindheit der Volkssport überhaupt. zum Besten gab. Stolz trugen wir unsere neuen Fußballschuhe von Adidas zur Schau, mit Unterschriften von Franz Beckenbauer oder Uwe Seeler drauf, je nach Favoriten. Oder die neuen Torwarthandschuhe: Im Tor stehen und eine Parade abzuliefern wie Sepp Maier – das war schon eine aufregende Sache. Es gab immer einen Ort, wo Fußball gespielt wurde: auf dem Fußballplatz, im Freibad, am Schwanenteich oder einfach auf der Straße vor der Tür. Der Egoismus zeigte sich nicht im Besitz eines Lederfußballs, sondern in der Frage, wer am besten Fußballspielen konnte. Und es gab da einige Kinder, die waren einfach unschlagbar gut. Das Wort „fummeln" hat übrigens nichts mit Männerträumen zu tun, sondern bezeichnet Fußballspieler, die beim Zweikampf sehr gut mit dem Ball umgehen können. Der Vereinssport des TSG Harsewinkel war super organisiert, besonders der Fußball erfreute sich regen Zulaufs. Fast jeden Tag fanden auf dem Fußballplatz mehrere Trainings oder auch ein Spiel statt. Fußball war Zugehörigkeit, Identität und Freude zugleich – auch wenn nicht jeder das Zeug zum Profi oder auch nur zur Provinzliga hatte. Wichtig war, dass du dabei warst.

Eine weit verbreitete Sportart der 1970er Jahre war auch Rollschuhhockey, eine abgeänderte Form des Eishockeys: auf Rollschuhen und ohne Puck, dafür mit einem kleinen Ball. Wer sich keinen Eishockeyschläger leisten konnte (und das waren die meisten von uns), bastelte sich aus Holzresten einen ebenbürtigen Ersatz, der den gleichen Zweck erfüllte. Rollschuhe hatte fast jedes Kind. Egal ob Männlein oder Weiblein, Rollschuhe gehörten zum Leben dazu. Rollschuhhockey konnte man nur auf geraden Flächen spielen, und da es keine dafür vorgesehenen Plätze gab, machten wir uns einfach auf der Straße breit.

Die Mädchen spielten gerne Gummitwist, ein Spiel, bei dem es vor allem auf Geschicklichkeit,

Rhythmus und Körperbeherrschung ankommt. Dazu braucht man mindestens drei Personen und ein Wäschegummi, auch Schlüpfergummi genannt. Zwei Personen stehen sich im Abstand von etwa zwei Metern gegenüber und fixieren das Gummiband so an ihren Hüften, dass die dritte Person dieses Gummi überspringen oder sonstige Kunststücke an ihm vollbringen kann. Wer sportlich war, hatte hier einen deutlichen Vorteil.

Eine weitere beliebte Freizeitbeschäftigung war das Seilhüpfen bzw. Seilspringen. Mutters Wäscheleine war dafür bestens geeignet. Die Herausforderung bestand darin, die von zwei Personen geschwungene Leine zu überspringen und sie dabei nicht zu berühren. Dazu musste man sich erst einmal dem Rhythmus der Wäscheleine anpassen, um sie im richtigen Moment zu überspringen. Jungs duften gelegentlich auch mal mitmachen.

Mein zwei Jahre älterer Bruder Thomas hatte es nicht so mit Sport. Er bastelte lieber an Flugzeugmodellen herum oder experimentierte mit seinem Chemiebaukasten. Einmal füllten wir Zucker in Reagenzgläser und verflüssigten diesen über einen Bunsenbrenner. Anschließend gossen wir die flüssige Zuckermasse auf Butterbrotpapier, wo sie dann abkühlen konnte. Leider überzeugten die selbstgemachten Zuckerbonbons geschmacklich überhaupt nicht. Thomas interessierte sich auch für

Astronomie. Wenn es abends dunkel wurde, fragte er sich wohl, was das ist, was da am Himmel so hell leuchtet. Er kannte einige Sterne oder Himmelskonstellationen sogar mit Namen. Einmal, an einem lauen Sommerabend, es war schon ziemlich dunkel, lagen wir im Vorgarten auf dem Rasen und beobachteten gemeinsam den Himmel. Wir sprachen nicht miteinander, sondern gaben uns ganz der Faszination unserer Beobachtung hin. Was wir da sahen, war einfach unglaublich. Der Himmel war hell erleuchtet und voller Sterne, die auch uns zu beobachten schienen. Schweigend und voller Demut vor diesem faszinierenden Schauspiel, hielt die Welt für einen kurzen Augenblick den Atem an.

Willi wohnte mit seiner Familie direkt über uns. Ob sie Einheimische oder Zugereiste waren, kann ich heute nicht mehr sagen – was spielt das auch für eine Rolle? Überhaupt sprach man bei uns im Haus eher wenig miteinander. Man grüßte sich mehr oder weniger freundlich und ging dann seiner Wege. Willi war da ganz anders. Er zeigte keine Abgrenzungssymptome und war immer nett und freundlich. Wenn ich ihm im Treppenhaus begegnete, hatte er immer etwas Interessantes zu erzählen.

Seine Leidenschaft galt dem Drachenbau, der Konstruktion und Entwicklung filigraner Fluggeräte aus Holz und Papier. Seine Flugmodelle überstanden fast jeden Absturz oder nur mit leichten Blessuren. Manchmal durfte ich Willi beim Drachenbau helfen. Dann zeigte er mir, wie man Mehl zu Kleister verarbeitet oder das Holz für das Drachengerüst vorbereitet. Bei Schreiner Ströer, der ganz in der Nähe seine Werkstatt hatte, durften wir uns aus den Holzresten geeignetes Material heraussuchen. Chefingenieur Willi breitete alle Materialien säuberlich nebeneinander aus und entschied dann, welche Hölzer es verdienten, in die Lüfte zu steigen. Die ersten Testflüge verliefen meist zufriedenstellend, und wenn der Drache eine gewisse Höhe erreicht hatte, konnten wir in aller Ruhe seine Flugbewegungen studieren, um daraus wichtige Erfahrungen für weitere Projekte abzuleiten.

Willi hatte noch andere Begabungen. Als ich eines Morgens aufwachte, hörte ich ein lautes Krächzen, das aus unserem Garten kam. Ich stand auf, öffnete das Fenster und konnte sehen, was es mit diesem Geräusch auf sich hatte: Willi stand im Garten und auf seiner rechten Schulter saß ein großer, schwarzer Vogel, der sich dort sichtlich wohlfühlte. Die elementaren Fluggesetze hat mir in der Schule niemand beigebracht. Anschaulich gemacht hat sie mir dieser sonderbare, aber stets freundliche Willi, von dem ich bis heute nur weiß, dass er schöne Drachen bauen konnte und eine Dohle sein bester Freund war.

Peter L. wohnte mit seinen Eltern gleich um die Ecke. Beide wurden wir 1968 eingeschult und gingen auch anschließend in die gleiche Klasse. Er war ein Einzelkind und bekam immer viel Aufmerksamkeit von seinen Eltern. Damals sparten sie für einen Farbfernseher; in einem umgedrehten Kaffeekannenwärmer wurde das Klimpergeld gesammelt. Peters Familie kam aus Neheim-Hüsten und ging auch irgendwann wieder dorthin zurück. Es ist schön, wenn du morgens nicht allein zur Schule gehen brauchst oder dich sogar jemand von zu Hause abholt. Peters Handschrift war tadellos; bei mathematischen Aufgaben unterstrich er das Ergebnis stets zweimal. Wenn ich ihn manchmal morgens zur Schule abholte, saß er gelegentlich noch am Frühstückstisch vor seiner Schüssel mit warmem Haferschleim. Ob er diesen wirklich mochte, wage ich zu bezweifeln.

Manchmal trafen wir uns auch am Nachmittag. Einmal fanden wir in einem Sandkasten hinter Peters Haus einige Fünf-Mark-Scheine, die wie aus dem Nichts einfach aufgetaucht waren. Da sich der Besitzer nicht ausfindig machen ließ und auch niemand sonst das Geld einforderte, sprachen wir uns das Geld einfach zu. Und das investierten wir nicht in Aktien und Fonds, sondern in sinnliche Genüsse wie Haribo, Bounty und Milky Way.

Christian wohnte ein paar Häuser weiter. Sein Nachname verriet, dass auch er kein Einheimischer war. Er kam mit seiner Familie aus den ehemaligen deutschen Ostgebieten und landete schließlich in Harsewinkel. Christian hatte jede Menge Geschwister, hauptsächlich Jungs. Gelegentlich besuchte ich ihn zu Hause oder wir trafen uns mit anderen Kindern in der angrenzenden Bauernschaft. Dort wurden dann Informationen ausgetauscht und Zigaretten gepafft, wir verhielten uns schon so wie die Erwachsenen. Wenn wir nach Hause gingen, musste Christian immer seine Mutter anhauchen – gut für ihn, dass sie kaum noch riechen konnte, das rettete ihn meist vor Strafe. Doch die Mutter hegte Verdacht und beauftragte ihren ältesten Sohn, die Rolle des Kontrollettis zu übernehmen – eine folgenschwere Entscheidung, wie sich später herausstellte. Als dieser seinen kleinen Bruder das erste Mal des Paffens überführte, blieb es noch bei einer Verwarnung. Da Christian das Paffen aber nicht sein lassen wollte, versuchte er seinen nach Rauch riechenden Atem zu manipulieren, indem er die Körner von Weizenähren futterte. Doch diese Vorgehensweise hatte nur mäßigen Erfolg, denn der große Bruder hatte eine sehr feine

Nase. Als er den Verrat roch, fing er an zu toben. Für mich, den offensichtlichen Mittäter und Mitwisser, hatte er nur Hohn übrig. Wie ein aufgeblasener Pfau stellte er sich vor mir auf und bezichtigte mich der Anstiftung zum Rauchen. Alle meine Beteuerungen halfen nichts: Ich wurde des Grundstücks verwiesen mit der deutlichen Mahnung, mich hier nie wieder blicken zu lassen.

Der 7. Juli 1974 wird mir ewig in Erinnerung bleiben. An diesem Tag fand das Endspiel der Fußballweltmeisterschaft statt, Deutschland traf in München auf Holland. Es war ein schöner und freundlicher Sommertag, Schäfchenwolken zogen am blauen Himmel vorbei – das Leben zeigte sich von seiner schönsten Seite. Die Straßen waren menschenleer, denn die meisten saßen zu Hause vor der Flimmerkiste oder im Gasthaus und warteten auf den Showdown, den ihnen „Bomber" Gerd Müller später lieferte.

Christian und ich waren auf dem Spielplatz am Rövekamp unterwegs. Da gabs eine Schaukel, eine Wippe, ein Karussell und ein großes Holzpferd – ein beliebter Treffpunkt zum Abchillen oder um sich zu treffen. Während wir also auf dem Spielplatz den schönen Sommernachmittag genossen, tauchten plötzlich wie aus dem Nichts zwei Wunder der Natur vor unseren Augen auf. Sie sagten einfach „Hallo" und stellten sich mit ihren Namen vor – die habe ich leider vergessen, weiß aber, dass es spanische Namen waren. Eine war sehr schlank, hatte schwarze Haare und dunkle Augen, während die andere etwas üppiger ausgestattet war, was durch ihr enganliegendes T-Shirt gut zum Ausdruck kam. Wenn dich so ein hübsches Mädchen auch noch anlacht, dann weißt du, warum es sich lohnt, auf der Welt zu sein. Sie sprachen ein ganz passables Deutsch, während wir in den Unterkünften der Gastarbeiter nur ein paar Brocken Spanisch aufgeschnappt hatten. Ich war überwältigt von der magischen Anziehungskraft des weiblichen Geschlechts und hatte zum ersten Mal das Gefühl, dass Jungen und Mädchen noch etwas anderes miteinander machen können als nur reden oder Völkerball spielen. Christian war ebenfalls vom feurigen Temperament dieser südeuropäischen Schönheiten überwältigt und kam auch gleich zur Sache: „Ich nehme die linke", sagte er zu mir und meinte damit die etwas Schlankere. Mir wies er die, na, ihr wisst schon welche zu. Ich protestierte nicht.

In den 1960er Jahren war Umweltschutz für viele noch ein Fremdwort. Das Bewusstsein für die Natur war nicht besonders ausgeprägt und entsprechend verhielten sich auch die Menschen. Der ganze Müll wurde einfach in die Mülltonne geworfen: Papier, Dosen, Plastik, Glas, Bauschutt und was weiß ich noch. Was nicht in die Tonne passte, wurde an Ort und Stelle verbrannt. Das war für uns Kinder immer ein Spektakel, wenn die Kartonagen aufgeschichtet wurden und jemand das Feuer entfachte. Um die Gesetze des Feuers kennenzulernen, brauchten wir keine Schule, sondern hielten es mit der Methode „learning by doing". Unter Zuhilfenahme von Feuer konnten wir chemische Reaktionen studieren, indem wir zum Beispiel ein Feuerzeug oder eine fast leere Spraydose ins Feuer warfen. Dann stellte sich die Frage, wie lange es dauert, bis es richtig knallt. Was passiert mit Plastik, wenn es verbrennt? Durch die reine Beobachtung erhielten wir Antworten auf wichtige Fragen.

Streichhölzer kosteten damals ca. fünf Pfennig die Packung. Gern schnüffelten wir an den schwefelhaltigen Streichholzenden, wenn wir diese an der Reibefläche der Schachtel entzündeten. Dann zischte es einmal kurz und das Streichholz entzündete sich. Eigentlich hatten uns die Eltern verboten, mit Streichhölzern zu spielen, doch die Faszination des Feuers war größer als die Angst vor Strafe.

Einmal übertrieben wir es gewaltig, indem wir die angezündeten Streichhölzer wild durch die Gegend warfen. Ein Mädchen, das uns neugierig bei unseren Aktivitäten beobachtete, wurde dabei am Arm getroffen und lief laut schreiend zu ihren Eltern nach Hause. Dass blieb auch meiner Mutter nicht verborgen und zu Hause gabs dann die

Höchststrafe: ein paar leichte Schläge mit dem Holzlöffel auf den Allerwertesten, Hausarrest und Fernsehverbot. Das Leben kann echt hart sein.

Als ich 1968 eingeschult wurde, musste ich mit meiner Mutter vorher zur amtsärztlichen Untersuchung ins Rathaus, wo bereits ein Hüne von Amtsarzt im weißen Kittel auf mich wartete. Vor dem hatte ich gehörigen Respekt. Als er mit seinem kalten Stethoskop auf meinem nackten Oberkörper Herz und Lunge abhören wollte, schrie ich so laut ich konnte. Das war mir einfach zu unheimlich. Trotz meiner Abwehrreaktionen war ich uneingeschränkt schultauglich.

Meiner Mutter allerdings missfiel mein Verhalten gegenüber dem Arzt so sehr, dass sie mich auf dem Heimweg permanent beschimpfte; offenbar befürchtete sie Schlimmeres, wenn ich erst einmal zur Schule ging. Wenn ich einer Amtsperson schon keinen Respekt entgegenbrachte, wie würde es dann erst bei den Lehrern sein? So oder ähnlich müssen ihre Befürchtungen gewesen sein, als sie mich zur Strafe einfach ins Bett steckte. Ich war doch noch ein kleiner Junge und hatte Angst vor dem weißen Kittel. Was gibt es da zu bestrafen? Meine Mutter war alles andere als autoritär, aber sie anerkannte die Autorität anderer. Bei uns zu Hause wurde auch niemand geschlagen. Höchstens gab es mal was mit dem Kochlöffel oder Teppichklopfer auf den Hintern. Aber Muttern war nicht gerade ein Kraftpaket, sodass die Schläge keine Wirkung zeigten. Stattdessen gab es immer diese „Du gehst jetzt ins Bett"-Bestrafung, die in meinen Augen keine wirkliche Strafe darstellt. Hausarrest und Fernsehverbot waren da wesentlich wirkungsvoller.

Damals war das Leben noch nicht so hektisch und turbulent wie heute. Es gab in der Stadt keine riesigen Einkaufszentren, die von früh bis spät aufhatten, keinen Aldi und Lidl, sondern nur den Edeka-Markt um die Ecke, den Heinz Fressmann betrieb. Hier kauften die Leute alles, was man zum Leben brauchte: vom Frühstücksbrötchen bis zum Sonntagsbraten, Milch und Coca-Cola, Zigaretten, Bier, Süßigkeiten oder Comics für uns Kinder. Gehilfe Adrian saß meist samstags an der Kasse, wenn richtig viel Betrieb war. Warum er als Holländer nach Harsewinkel kam, bleibt ein Geheimnis; im Dorf wurde viel über ihn geredet. Zu uns Kindern war er immer nett und freundlich, wir mochten ihn.

Gereinigt wurde der Edeka-Laden von Frau Böser, die gleich gegenüber wohnte. Was für eine starke Frau! Sie hatte 12 oder 13 Kinder, meine ich. Um alle unter einem Hut zu bringen, musste sie zwei Wohnungen anmieten. Meist sahen wir sie im

Hausfrauenkittel und Schlappen im Edeka-Laden, oder aber sie trug riesige Taschen mit Lebensmitteln über die Straße nach Hause. Manchmal war ich auch bei ihnen zu Hause. Mit Tochter Elke und Sohn Siggi konnte ich ganz gut, und dann machte auch schon mal eine Flasche Bier oder eine Zigarette die Runde. Manchmal trafen wir uns auch an einem sicheren Ort in der angrenzenden Bauernschaft, wo wir unentdeckt das machen konnten, was uns gefiel. Da wurde dann meist gepafft und manchmal auch etwas rumgeknutscht. Die Frage nach dem Unterschied zwischen Jungs und Mädchen – hier konnten wir die Antwort darauf finden.

In unserem Viertel gab es ältere Jungs, die so taten, als ob sie alles über Mädchen wüssten. Woher sie diese Informationen hatten, blieb ein gut gehütetes Geheimnis; wir konnten nicht erkennen, ob sie real oder ein Produkt ihrer Pubertätsfantasien waren. Es machte ihnen sichtlich Spaß, uns die wildesten Sachen über Frauen und Männer zu erzählen – kein Detail wurde ausgelassen. Nun wussten wir, was uns in Zukunft erwarten würde, und freuten uns auf das Älterwerden.

Überhaupt gab es jede Menge „Vorbilder", die uns zeigten, wie man Frauen anmacht. In unserer Straße gab es einige Baustellen, auf denen Bauarbeiter während der Arbeit ungeniert Bier tranken und dazu Zigaretten rauchten. Wenn sie auch nur aus weiter Entfernung ein weibliches Wesen sahen, das sich in ihre Richtung bewegte, wurde es mit lauten Pfeiftönen begrüßt. „Ja, so macht man das", dachten wir uns und waren gerüstet für den Kampf, der manchen Menschen ein Leben lang begleitet. Viel später erst und nach vielen Versuchen der Annäherung an das weibliche Geschlecht mussten wir schmerzhaft erfahren, dass solch plumpe Anmachstrategien nicht zum gewünschten Erfolg führten. Das Wort „Belästigung" wurde damals noch nicht so intensiv diskutiert wie heute, und dass wir mit unserem Verhalten als primitiv und proletenhaft abgestempelt wurden, war uns damals egal.

Aber auch ohne das andere Geschlecht war das Leben bunt und facettenreich. Jeden Tag gab es etwas Neues zu entdecken; besonders die großen Straßenbaumaschinen hatten es mir angetan. Diese riesige Teermaschine und die ihr folgende Dampfwalze lenkten die Aufmerksamkeit aller Anwohner auf sich. Dieser Geruch von heißem Teer, der in der flimmernden Sonne mit einer riesigen Dampfwalze einfach plattgewalzt wird, und wie dabei der ganze Asphalt vibrierte – das war schon etwas Besonderes. Niemand konnte sich dieser Faszination entziehen.

Am Wochenende war es dann still in unserer Straße. Nur das Moped des kleinen Spaniers, der regelmäßig die *Bild am Sonntag* ins Haus brachte, war schon aus der Ferne zu hören. Standesgemäß mit *Bild-am-Sonntag*-Mütze und einer großen, schwarzen Umhängetasche stand er plötzlich in unserer Wohnung. Da war auch der Vater zufrieden und honorierte diesen Service meist recht großzügig.

Die mobile Versorgung mit Milch und sonstigen Artikeln zum Leben organisierte Herr Dulias, der einen kleinen Lebensmittelladen am Tecklenburger Weg betrieb. Er besaß zudem einen kleinen Transporter, eine Art rollender Tante-Emma-Laden. Darin befand sich sein Schmuckstück, eine Zapfanlage, mit der er die anwohnende Bevölkerung mit Milch versorgte. Herr Dulias kündigte sich mit Glockengeläut an, und wenn er stehen blieb, bildete sich immer eine kleine Traube Menschen um sein Auto. Neben Milch verkaufte er noch andere Lebensmittel und Dinge für den täglichen Bedarf: Brot, Käse, Tütensuppen, Süßigkeiten, Bier oder Zigaretten. War man nicht zu Hause, stellte man die Milchbehälter einfach vor die Haustür und legte das Geld darauf – das funktionierte tadellos.

Manche Kinder am Rövekamp besaßen ein Bonanzarad. So ein Teil war etwas Besonderes. Dieser Drahtesel war während meiner Kinderzeit der absolute Favorit unter den Fahrrädern. Er zeichnete sich aus durch einen besonders langen Sattel mit Rückenlehne (ähnlich wie bei einer Harley Davidson), einen großen, hirschgeweihähnlichen Lenker und eine einzigartige Drei-Gang-Nabenschaltung. Im Grunde ist ein Bonanzarad die Imitation und klimaneutrale Variante eines zu kurz geratenen Choppers. Leider war so ein Teil damals nicht ganz billig, aber dank der Großzügigkeit seines Besitzers durfte ich auch einmal damit fahren.

8. Die Schulzeit

Ende der 1960er Jahre fürchteten sich die Menschen vor einem Atomkrieg – auch in Harsewinkel. In der Schule wurde gezeigt, was im Rahmen eines atomaren Erstschlags gegen den Westen zu tun war. Zuerst heulten die Sirenen auf dem Schuldach los und kündigten den atomaren Supergau an. Alsdann liefen wir alle unverzüglich ins Klassenzimmer und verschanzten uns unter unseren Schulbänken – diese Maßnahme sollte uns tatsächlich vor radioaktiver Strahlung schützen. Die Sirenen, die jeden Samstagmittag losheulten, erinnern mich stets daran, dass es eine Zeit gab, wo militärische Drohgebärden an der Tagesordnung waren. Das ist heute kaum noch vorstellbar – oder vielleicht doch?

Ich war eher ein mittelmäßiger Schüler, der den Sinn der Schule erst erkannte, als sie schon vorbei war. Mein Leistungsdrang hielt sich in Grenzen, aber deswegen war ich nicht faul. Ich denke, dass meine Leistungen den Durchschnitt der Klasse repräsentierten, wobei es nach oben und unten natürlich keine Grenzen gab. Warum manche Schüler so gut in der Schule waren und manche einfach nichts kapierten, solche Fragen hat man sich damals nicht gestellt, es war einfach so. Manche Schüler hatten so gute Noten, dass mir schwindlig wurde: nur

Einsen, höchstens mal eine Zwei – wie machten die das nur?

Markus zum Beispiel sprengte bei den Kassenarbeiten stets den Durchschnitt. Er schrieb nur Einsen, bis auf ein einziges Mal: Da schrieb er – oh Schreck – nur eine Zwei. Als unsere Lehrerin ihm seine korrigierte Arbeit zurückgab und er das Ergebnis seiner Bemühungen sah, brach er in Tränen aus und weinte jämmerlich. Ja, das Leben kann echt hart sein, wenn ausnahmsweise mal statt ein „sehr gut" ein „gut" unter deiner Klassenarbeit steht. In solchen Momenten fühlst du dich irgendwie schlecht, weil du merkst, dass du niemals auch nur annähernd solche guten Noten mit nach Hause bringen wirst. Es fehlten einfach die Voraussetzungen, zum Beispiel ein motivierendes Lernumfeld bzw. Menschen, die einen bei den Hausaufgaben unterstützen.

Gute Lehrer müssen nicht unbedingt die besten Schüler gewesen sein, gerade engagierte Pädagogen kennen die Ängste und Nöte, denen man in der Schule ausgesetzt sein kann. Und sie wissen, dass Bildung den sozialen Aufstieg fördern kann und dass man auch sonst irgendwie im Leben davon profitiert. Bei uns zu Hause war Bildung ein Privileg für andere, aber nicht für uns. Bildung – das war etwas für die vornehme Gesellschaft, die in großen Häusern lebte und mit gebildeten Menschen in exklusiven Gasthäusern verkehrte.

Wie dem auch sei – es gibt einfach Schüler mit besseren schulischen Leistungen, und möglicherweise sind diese Leistungsunterschiede durch soziale Herkunft und sich bietende Chancen bedingt. Kinder kommen entweder arm oder reich auf diese Welt und wachsen dementsprechend auf. Schüler aus sozial schwachen Verhältnissen können genauso intelligent, fleißig und wissbegierig wie ihre begüterten Mitschüler sein, doch oft fehlt es an den entsprechenden Netzwerken und Ressourcen, die diese Begabungen fördern und ausbauen. Die Verteilung von Wahlmöglichkeiten und Chancen wird in dem Moment festgelegt, wo du das Licht der Welt erblickst. Wie hell oder wie dunkel es in deinem Leben dann sein wird, ist schon längst ohne dich entschieden worden.

Viele Menschen belächeln derartige Theorien sozialer Ungleichheit, besonders diejenigen, die sich als die Speerspitze der Gesellschaft sehen. Einige davon sind sogar überzeugt, dass ihr exklusiver Status und ihr vorhandenes Geld genetisch bedingt oder sogar Gottes Wille sind. Auch wenn sie sehr wenig zur Entwicklung der Gesellschaft beitragen, sehen sie sich als etwas Besonderes, als Menschen, die wissen, was für andere gut ist und was nicht. Dabei kennen sie noch nicht einmal die andere Seite, höchstens Klischees von ihr, die in den Medien hochgekocht wurden. Ja, ja, die Proleten, auf die wird gerne mit dem Finger gezeigt. Dabei wären die Lebensstile und primitiven Äußerungen von Leuten mit richtig viel Kohle wesentlich interessanter und belustigender, weil sie den unteren sozialen Schichten den Leitsatz von Bertolt Brecht „Erst kommt das Fressen, dann kommt die Moral" deutlich vor Augen führen. Außerdem bin ich der Meinung, dass jemand, der in bescheidenen Verhältnissen aufgewachsen ist, deswegen nicht unglücklich sein muss, denn ein behütetes Zuhause zu haben ist für mich keine Frage des Geldes.

1968 wurde ich eingeschult, wie fast alle Kinder meines Jahrgangs. Von nun an sollten wir lesen, schreiben und rechnen lernen – und vor allen Dingen, was sich gehört und was nicht. Wir waren die „I-Männchen", wie man im Westfälischen sagt, wenn es zum ersten Mal in die Schule geht. Mit einer riesigen Schultüte voller Süßigkeiten bewaffnet, präsentierten wir uns auf dem Schulhof der damaligen Paulus-Schule (die heute Astrid-Lindgren-Schule heißt), völlig ahnungslos, was neun oder zehn Jahre Schulzeit für jeden Einzelnen von uns bedeuten würde. In erster Linie bedeutete es, einen Raum mit rund 40 Kindern und einer Lehrperson zu teilen, und das fast jeden Tag, viele Monate und

Jahre. Aus uns sollte etwas werden, was immer das auch sein würde.

Einigen Schülern fiel das Lernen unheimlich leicht; die hatten kein Problem damit, im Unterricht mitzukommen. Und bei anderen war genau das Gegenteil der Fall. Wem das Lernen leichtfiel, weil er oder sie möglicherweise im Elternhaus großzügig unterstützt wurde, der oder die kam ohne Probleme weiter bis zum Abitur – der Eintrittskarte in eine Welt, die vielen von uns verschlossen blieb.

Die Vorstellung, dass mit Fleiß und Ausdauer das Leben ein Wunschkonzert voller Überraschungen sein kann, an diesem Glauben halten die Schule, die Kirche und die Gesellschaft nach wie vor fest. Zunächst gilt aber der Verzicht. Schon zu meiner Grundschulzeit hieß es: „Spare, lerne, leiste was, dann haste, kannste, biste was", zu lesen in großen Buchstaben auf dem Umschlag meines Grundschulzeugnisses. Die Schulzeit und all die damit verbundenen Erfahrungen haben einen gewaltigen Einfluss auf unser Verhalten insgesamt. Im Grunde ging es ja nicht nur ums Lernen, sondern auch darum, ein gesellschaftskonformes Verhalten an den Tag zu legen. Auf persönliche Wünsche und individuelle Bedürfnisse wurde wenig Rücksicht genommen. Die Kirche steuerte unser

Gefühlsleben, sie erzeugte das Bild eines kontrollierenden und strafenden Gottes in uns, der permanent anwesend war. „Ich bin klein, mein Herz ist rein, soll niemand drin wohnen als Jesus allein" – diesen salbungsvollen Spruch habe ich mir bis heute gemerkt.

Wenn ich mein Grundschulzeugnis heute betrachte, dann fallen mir Benotungskriterien auf, die rein gar nichts mit Wissensvermittlung zu tun haben. Für „Führung" gab es eine Note und für „Beteiligung am Unterricht" ebenfalls. Von der ersten bis zur vierten Klasse standen diese beiden Kriterien ganz oben auf der Benotungsskala. Übersetzt bedeuten diese beiden „Fächer", wie intensiv jemand den erwarteten Verhaltensmustern des Schulsystems entsprach (oder eben nicht). Es ging darum, zu bewerten, ob du ein braves Kind in der Schule warst, ein fast braves oder eher kein braves.

Für alles gab es eine Benotung, nicht nur für die Leistung, sondern auch für das soziale Verhalten. Das galt auch für das Fach „Beteiligung am Unterricht". In diesem Fall wurden die Noten – also „sehr gut" bis „ungenügend" – um feine Nuancen erweitert. So gab es zum Beispiel die Benotung „in der Regel gut", „nicht immer gut" oder „nicht immer befriedigend", wie immer das auch zu bewerten ist; die Benotung von Verhaltensmustern ließ jede Menge Raum zur Interpretation. Ähnliches galt für das Fach „Häuslicher Fleiß", also die Frage, ob man immer schön brav seine Hausaufgaben gemacht hat (was ja eigentlich die Eltern besser wissen sollten als die Lehrerschaft). Diese Benotungssysteme nahmen überhaupt keine Rücksicht auf die sozialen Verhältnisse eines Schülers, seine Persönlichkeit oder seine individuellen Stärken und Schwächen. Heute denke ich, dass es unterschiedliche Lehrpersonen gab und einige von ihnen uns Schülern doch eher wohlwollend gegenüberstanden. Bei netten Lehrern war der Notendurchschnitt einfach besser (zumindest meiner).

Wer in der Schule nicht mitkam – aus welchen Gründen auch immer –, hatte es nicht leicht. Einige dieser Schüler waren regelmäßig der Willkür einiger Lehrer ausgesetzt, wobei die männliche Lehrerschaft eher auf körperliche Schmerzen setzte, ihr weibliches Pendant hingegen die öffentliche Demütigung vorzog. Na ja, so richtig geschlagen wurde eigentlich auch nicht mehr, eher mal angedeutet. Aber ab und zu gabs dann doch mal was: ein Griff in den Nacken, an den Ohren ziehen, aggressives Anschreien oder, wenn es richtig zur Sache ging, auch mal was mit dem Schulheft. Das Nachsitzen als Strafe kam erst nach der Grundschule.

Gelegentlich kam es vor, dass sich ein Schüler wegen angeblicher Störung des Unterrichts vor der versammelten Klasse in eine gut sichtbare Ecke des Klassenraums mit dem Gesicht zur Wand stellen musste, um sich „zu schämen". Alle Schüler sollten sehen, wie jemand für „schlechtes Benehmen" bestraft wird – was für eine Demütigung für ein Kind! Heute bin ich mir sicher, dass sich fast kein Kind traute, diese Angelegenheit zu Hause zu erzählen; das hätte unter Umständen zu noch mehr Ärger geführt, denn zu meiner Grundschulzeit hatten die Eltern ziemlich großes Vertrauen in die Autorität der Lehrerschaft. Kam es dann doch heraus, dass ein Kind vom Lehrer im Unterricht „zurechtgewiesen" wurde, dann hieß es meist zu Hause: „Na, dann hast du es wohl auch verdient." Warum und wieso etwas in der Schule vorgefallen war, spielte meist keine Rolle.

Vermutlich bekamen wir das zu hören, weil unsere Eltern ähnliche oder weit schlimmere Erfahrungen gemacht hatten. Das Aufbegehren gegen Ungerechtigkeiten des Schulsystems und besonders dessen Repräsentanten war nicht besonders ausgeprägt – ganz im Gegenteil: Man schaute eher hinauf zu ihnen, den Lehrern und Pädagogen der beginnenden 1970er Jahre, und vertraute auf die Wirksamkeit ihrer Erziehungsmethoden.

Schule und Kirche gehörten zusammen, genauso wie Väter, Mütter und Kinder. Das war das Idealbild einer optimalen Gesellschaft, so wie sich der Staat und die Kirche das Leben eben vorstellten. Nicht für die Schule sollten wir lernen, nein, sondern für das Leben und die damit verbundenen Herausforderungen. Das sind bekanntlich eine ganze Menge, und als Kind hat uns niemand erklärt, welche Art von Herausforderung eines Tages auf uns zukommen wird.

Für die großen und kleinen Sorgen jedenfalls fühlte sich die Kirche zuständig: „Danke, oh Herr, für jeden Morgen, danke, für jeden neuen Tag. Danke, dass ich all meine Sorgen auf dich werfen mag." Dieser „Danke"-Song wurde bei jeder sich ergebenden Gelegenheit gesungen, insbesondere im Religionsunterricht, aber nicht nur dort. Es ist schon erstaunlich, wie tief sich solche Lieder in unser Gedächtnis eingraben und nach vielen Jahren immer wieder mal an die Oberfläche gelangen. Dabei ist der Ursprung dieses Liedes evangelischer Natur. Aber es gefiel den Leuten, und da ist es doch egal, ob man katholisch, evangelisch oder anderen Glaubens ist. Martin Gotthard Schneider (1930–2017), der Komponist dieses Liedes, studierte evangelische Theologie und Kirchenmusik und beschäftigte sich zeit seines Lebens mit Musik. Der „Danke"-Song entstand in den 1960er Jahren und passte in die Zeit einer dankbaren Elterngeneration, die seit 20 Jahren in Frieden lebt. Sie hatten die Schule noch als einen Ort der Propaganda und Erziehung im Sinne eines gesunden „Volkskörpers" erlebt; der „Führer" erwartete von den Schülern „Disziplin, Treue und Gehorsam", so zu lesen in einem Schulzeugnis meiner Tante. Und in diesem Sinne wurden die Kinder auch in der Schule erzogen: In erster Linie sollte die Schule die Interessen des Nationalsozialismus fördern und weniger die individuellen Neigungen und Fähigkeiten von Kindern.

Jeder Schulpädagoge weiß um die Auswirkungen solcher Erziehungsmethoden auf die Entwicklung eines Menschen: Sie können ein Leben lang das Verhalten und Handeln von Menschen dominieren. Und bei der Lehrerschaft? Einige von ihnen machten noch auf „old school", bedienten sich also altbackener pädagogischer Methoden in Form von Zeigestock, körperlicher Züchtigung und öffentlicher Demütigung. Derartige Spezies von Lehrern brauchte sich seine Anerkennung bei seinen Schülerinnen und Schülern nicht erst verdienen, nein, er setzte sie einfach als selbstverständlich voraus, wodurch natürlich jeglicher pädagogische Ansatz in die Bedeutungslosigkeit verschwand. Schule war für diese Art von Lehrerschaft noch ein Ort der

Erziehung und Disziplin und nicht ein pädagogisches Experimentierfeld, das die Förderung und Entwicklung von Kindern in den Vordergrund stellte.

Gerade bei den älteren Lehrern ließ sich ihr fehlendes pädagogisches Verständnis gut beobachten. Sie setzten auf Strafe und Gehorsam und weniger auf Einsicht und geistiges Wachstum. Das war bei der jüngeren Lehrerschaft etwas anders: Bei ihr standen die Gemeinschaft oder gemeinsame Erfahrungen ganz oben auf der pädagogischen Agenda.

Es mag heute banal erscheinen, dass manche Lehrerinnen die klassische Sitzordnung zugunsten einer gruppenbezogenen und sich gegenseitig helfenden Arbeitsgruppe veränderten. Nicht mehr der Lehrer oder die Lehrerin sollten das Zentrum des Unterrichts sein, sondern das Ziel war die Erfahrung von Kollektivität im Sinn von gruppenspezifischen Maßnahmen, heute Gruppenarbeit genannt. Belohnung und Strafe gab es aber weiter, wenn auch in Form von konstruktiver Zielerreichung: Positives Verhalten wurde bestärkt, negatives Verhalten führte meist zu Ermahnungen oder Erklärungsversuchen; man setzte auf die Einsicht der Schüler.

Zu meiner Grundschulzeit gab es noch sogenannte Fleißkärtchen, meist kleine, kunstvoll hergestellte Blumen aus Buntpapier, die unsere Klassenlehrerin in einem Briefmarkenalbum aufbewahrte. War sie der Meinung, dass sich ein oder auch mehrere Schüler in ihrem Unterricht besonders angestrengt hatten, zückte sie am Ende der Unterrichtsstunde ihr Briefmarkenalbum und ging zu den entsprechenden Schülern, die sich dann ein Fleißkärtchen aus ihrem Album aussuchen durften. Alle sollten sehen, was Leistung bedeutet und zu was sie führen kann. Bei manchen Schülerinnen und Schülern war das oft nicht nötig; sie waren immer brav und fleißig. In ihren Schulzeugnissen, da sind sie zu finden, die Seiten, wo nur „sehr gut" und „gut" steht.

Wir Schüler wurden in vielerlei Hinsicht benotet. Es wurde nicht nur das Rechnen, Lesen und Schreiben benotet, sondern in erster Linie unser Verhalten, so zum Beispiel „Führung": Wie ist das Auftreten eines Schülers, wie führt er sich grundsätzlich auf? Das ist letztendlich die Frage nach der Persönlichkeit eines Kindes, die in Form einer Note Auskunft über seine „Führung" geben soll. Ich glaube, heute gibt es wesentlich differenziertere Betrachtungsweisen.

Ein weiteres Benotungsfach hieß „Beteiligung am Unterricht" (nicht „im", sondern „am Unterricht"). Man wollte nicht nur sehen, wie oft man während der Unterrichtsstunde aufgezeigt hat, sondern ob man generell bei der Sache ist. Und dann gab es noch ein Fach, das hieß „Häuslicher Fleiß"; da weiß jeder, was damit gemeint ist. Als Kind nimmst du diese von der Gesellschaft geforderten Leistungsnormen nicht unbedingt wahr, sondern akzeptierst sie als selbstverständlich, als etwas, was schon immer da war.

Wenn ein Kind schlecht in der Schule war (aus welchem Grund auch immer), gab es sich meist selbst die Schuld und nicht den damit verbundenen Umständen. In der Grundschule ist das alles noch nicht so dramatisch, da gab es noch so etwas wie den Welpenschutz. Aber später, in der Hauptschule, Realschule oder auf dem Gymnasium, nahm der Kampf um Anerkennung und Identität gigantische Ausmaße an.

Doch noch einmal zurück zur Grundschulzeit: Wer nicht in den Genuss von Anerkennung und Belohnung kam, weil er oder sie womöglich zu den etwas „langsameren" oder auch nicht motivierten Schülern gehörte, für den hielt das System Schule erzieherische Maßnahmen bereit. Es reichte nicht aus, dass ein Kind sich sowieso schon schlecht fühlte, weil es den Unterrichtsstoff nicht verstand oder anderweitige Probleme hatte, die sich auf die schulischen Leistungen auswirkten. Wer unkonzentriert bei der Sache war, also im Unterricht lieber vor sich hin träumte und an ganz andere Sachen dachte als gefordert, wurde öffentlich bloßgestellt. In einem solchen Fall– ich hatte es schon kurz angedeutet – musste man sich in die Ecke stellen und sich schämen, also vor versammelter Klasse mit dem Gesicht zur Wand stellen, sodass alle es sehen konnten. Wie tief muss man als Lehrer sinken, um Kinder auf diese Art und Weise zu demütigen? Oder anders gefragt: Was geht einem Lehrer durch den Kopf, wenn er glaubt, dass solche Maßnahmen einen pädagogischen Sinn haben? Vermutlich gar nichts, wenn man als Lehrer rein gar nichts von Pädagogik versteht.

Mädchen in unserer Klasse wurden so gut wie nie bestraft. Sie saßen artig an ihrem Platz und machten das, was von ihnen erwartet wurde. Bei uns Jungs war das ganz anders, wir wurden öfters ermahnt: Entweder saßen wir nicht gerade auf dem Stuhl, so wie es sich gehörte, oder wir unterhielten uns schon mal dezent im Unterricht, weil dieser stinklangweilig war. Offenbar zeigten wir der Lehrerschaft gegenüber nicht genügend Respekt, den sie sich allein schon durch die Ausübung ihres Amtes erwarteten, und dann wurde auch noch ihr Unterricht gestört, den sie in vielen Stunden harter Arbeit vorbereitet hatten – nein, das durfte natürlich nicht sein. Nur brave und angepasste Schüler waren das Ziel. Wer nicht mitkam (und das kam auch schon mal vor), drehte eine Extrarunde.

Besonders schwierig wird es, wenn du spürst, dass dich eine Lehrerin oder ein Lehrer nicht mag, aus Gründen, für die du nicht verantwortlich bist. In einem solchen Fall kannst du dich verhalten, wie du willst: Solche Personen finden immer einen Grund, dich zu tadeln oder dir das Leben richtig schwerzumachen. Bewusst oder unbewusst arbeiten sie ihre eigenen Defizite an anderen Menschen ab. Meist steckt dahinter ein sehr schwach ausgeprägtes Selbstbewusstsein, ein unterentwickeltes Ich, um es einmal psychoanalytisch auszudrücken.

Einem Schüler ständig zu vermitteln, dass er in jeglicher Hinsicht Defizite aufweist, ist wohl eine der grausamsten Methoden, die man einem Kind antun kann. Wer nicht glaubt, dass so etwas passiert ist, sollte sich einmal mit Schülern der 1960er Generation darüber unterhalten, wie „Fehlverhalten" im Unterricht bestraft wurde. So wie unsere Eltern in der Schule für Bagatellen bestraft wurden (nämlich mit körperlicher Züchtigung), so wurde unser Strafenkatalog um psychologische Maßnahmen der Erzeugung von Schuld erweitert – ein schlechtes Gewissen nagt permanent an deinem Selbstbewusstsein.

Ja, ja, das waren schon harte Zeiten. Aber wir empfanden es als normal, weil wir es nicht anders kannten. Und außerdem gab es Rettung in Form einer „inneren Reinigung", zum Beispiel der Beichte. Wer dem Priester alles gestand, wurde von seinen Sünden komplett freigesprochen. In den Augen der Kirche gab es noch so etwas wie Hoffnung: auf die Liebe, auf das Leben, auf das Paradies, auf das Gute im Menschen, und natürlich die Hoffnung auf Erlösung von wem oder was auch immer: „Danke, für alle guten Freunde, danke, o Herr, für jedermann. Danke, wenn auch dem größten Feinde ich verzeihen kann."

Die Förderung von Selbstbewusstsein, Kreativität und Individualität war zu meiner Schulzeit mehr als ein frommer Wunsch. Und so stellte sich auch für mich die Frage, welchen Sinn und Zweck die Schule eigentlich hatte. War sie eine Lehranstalt im Sinne eines großen Ganzen oder sollte sie ein Ort der Wissensvermittlung und des persönlichen Wachstums sein? Ob diese Frage heute wohl auch noch kontrovers diskutiert wird?

Die Grundschule meiner Jugend hieß damals noch Paulusschule – ein deutlicher Hinweis auf Zusammenhänge mit der gegenüberliegenden Pauluskirche, die 1966 eingeweiht wurde. Schule und Kirche gehörten zu meiner Grundschulzeit einfach zusammen. Und der Religionsunterricht wurde noch vom ansässigen Pfarrer oder dessen Stellvertretung durchgeführt. Der Pfarrer, das war zu meiner Grundschulzeit noch eine richtige Amtsperson, der Demut und Respekt entgegengebracht wurde: immer korrekt und standesmäßig in Schwarz gekleidet, kompetent in allen Lebensfragen, unerschütterlich in seinem Glauben und ausgestattet mit einem starken Sendungsbewusstsein – ein Hirte der Kirche, wie er im Buche steht. Und er hatte viele Schäfchen zu betreuen – die 1960er Jahre gelten als geburtenstarke Jahrgänge, und eine Familie mit vier bis fünf Kindern war nichts Ungewöhnliches. Um den Nachwuchs musste sich die katholische Kirche damals keine Gedanken machen.

Heute ist das anders: Kirche und die damit zusammenhängende Folklore sind out, ihr laufen scharenweise die Schäfchen davon, weil es fast niemanden mehr interessiert, was die Kirche zu sagen hat. Der wichtigste Grund wird aber wohl sein, dass die Kirche bzw. einige Repräsentanten selbst schweren Schaden angerichtet haben.

1968 wurde ich eingeschult. Das war ein großes Ereignis für alle Kinder, denn jetzt kam ein neuer Lebensabschnitt: Der Ernst des Lebens sollte beginnen, und wir alle waren auf seinen Verlauf neugierig. Mit bunten und prall gefüllten Schultüten voller Süßigkeiten versammelten wir uns am ersten Schultag voller Stolz vor der Grundschule. Das Vergleichen unserer Schultüten glich einem Wettbewerb: Wer trug die schönste, größte oder auch schwerste Tüte in seinen Arm? Manche dieser Ungetüme waren so groß wie deren Besitzer und manche Tüten wirkten ein wenig zu kurz geraten. Der erste Schultag – ein Gedränge, Gewusel und Gemache auf dem Schulhof, 150 Kinder oder mehr sollten die nächsten Jahre lesen, schreiben, rechnen und vieles andere mehr lernen.

Die Schule begann um 8 Uhr. Eine gewaltige Uhr mit goldfarbenen Zifferblättern, die am nördlichen Portal unserer Schule hing, mahnte uns Kinder zur Achtsamkeit, denn zu spät zu kommen, womöglich sogar die Pausen auszudehnen war verpönt und gehörte sich nicht; schließlich sollten aus uns brave und anständige Staatsbürger werden.

Der Morgen begann stets mit dem gleichen Ritual: Klassenweise und in Zweierreihen mussten wir uns vor Schulbeginn vor dem Eingang der Grundschule aufstellen, während unser Direktor sowie die Klassenlehrer unser Treiben auf dem Treppeneingang ohne Worte beobachteten. Direktor Brokamp war ein Direktor, wie man sich einen Amtsträger der 1960er Jahre vorstellt: stets korrekt gekleidet, in einem dunklen Anzug, der sein Amt unterstreicht, seine Gesten eher spärlich und um ihm herum die Aura eines Menschen, der sich von der Masse abhob. Sein unverkennbares Markenzeichen war die dicke Zigarre, die er sich jeden Morgen auf der Schultreppe anzündete.

Also, es ist 8 Uhr morgens, wir stehen in Zweierreihen und Hand in Hand auf dem Schulhof und warten darauf, dass wir ins Klassenzimmer gehen dürfen. Aber wir konnten da nicht einfach so hineingehen, wie es heutzutage der Fall ist, sondern mussten warten, bis Direktor Brokamp mit seinem Zeigefinger auf uns deutete und dieser Finger uns anschließend aufforderte, sich jetzt in Bewegung zu setzen und in die Klasse zu gehen. Der ganze Ablauf war genau geregelt und wurde, soweit ich mich erinnern kann, auch stets befolgt. Preußische Disziplin und Tugenden schon vor der Schule – hier war alles noch so, wie es sein sollte.

Mein Zeugnis für das erste Schulhalbjahr: Führung: gut; Beteiligung am Unterricht: gut; häuslicher Fleiß: gut; Leistungen: gut; Schulbesuch: regelmäßig. Das waren die zentralen Fächer, mit denen wir uns auf das Leben vorbereiten sollten. Was es mit dem „Schulfach" Führung auf sich hatte, lässt sich leicht erahnen: Es ging darum, sich gut aufzuführen, sich ordentlich zu benehmen und möglichst nichts anzustellen. Während des Unterrichts mit Klassenkameraden reden, während der Lehrer etwas an der Tafel erklärte? Das war schlechtes Benehmen und wurde sofort bestraft: im günstigsten Fall mit einer Ermahnung vor versammelter Mannschaft oder aber, wenn das keine Wirkung zeigte, mit Ausschluss aus der Klasse – eine sehr harte Strafe für ein Kind, denn man musste im Flur vor der Klasse auf das Ende der Schulstunde warten.

Unsere Klassenlehrerin hieß Frau oder Fräulein Schlebbe. Für die Gender-Mainstreaming-Fraktion möchte ich hinzufügen, dass der Begriff „Fräulein" zu meiner Grundschulzeit noch häufig verwendet wurde. Ein Fräulein war eine gängige Bezeichnung für eine Frau, die noch nicht verheiratet war.

Frau Schlebbe ist mir als nette und unauffällige Lehrerin in Erinnerung geblieben. Wer ihren Unterricht verfolgte und ein wenig Motivation zeigte, wurde mit den berühmten „Fleißkärtchen" belohnt. Wer nicht mitmachte, ging leer aus.

In der zweiten Klasse unterrichtete uns Frau Hagemann, unter anderem auch Sport, wenn ich mich richtig erinnere. Der Sportunterricht fand in der Sporthalle hinter der Grundschule statt. Dort sollten wir an riesigen Seilen die Turnhalle hinaufklettern, als ob wir Bergsteiger wären. Oder wir mussten uns furchtbar schwere Medizinbälle zuwerfen, Bälle, groß wie ein ostwestfälischer Kürbis und schwer wie Blei. Welchen Nutzen diese Übung haben sollte, entzieht sich bis heute meiner Kenntnis. Es hieß einfach „Übung mit dem Medizinball" – vielleicht musst du ja danach zum Medizinmann.

Frau O. war die Haushälterin unseres Gemeindepfarrers und unterrichtete gelegentlich auch mal in der Schule das Fach Religion. Ihre didaktischen Fähigkeiten erhielt sie von Gott höchstpersönlich. Sie war eine gottesfürchtige Frau, besetzt von der Angst, dass ihr Schöpfer alles sieht, was sie sonst noch so treibt, auch wenn er nicht zugegen ist. Diese Ängste können zu extremen Formen von Selbstkasteiung führen. Ihr Gottesbild war angstbesetzt und zerstörerisch: Gott ist in der Lage, seinen Zorn auf die Menschen in Form von Feuer und Blitzen loszulassen, so ihre Warnung an uns arme Sünder. Einen liebenden und barmherzigen Gott konnte sie nicht annehmen, und ihre Züchtigungsmethoden ließen erahnen, wie es in ihr tickte. Einmal zeigte mir mein Klassenkamerad Manni während des Religionsunterrichts ein Buch mit lustigen Bildern, und während wir so gedankenverloren bei der Sache waren, bemerkte Frau O., dass wir uns nicht die Bohne für ihren Unterricht interessierten. Wie ein Nilpferd stürmte sie schnaufend auf Manni zu, riss es ihm aus der Hand und schlug es jedem von uns einmal rechts und einmal links ins Gesicht. Gott wollte uns eine Botschaft senden und Frau O. durfte sie überreichen.

Ganz anders und mehr von der sadistischen Fraktion war Herr R., ein kleiner, anzugtragender und eher unauffälliger Lehrer der alten Schule, für den Zucht und Ordnung zentrale Werte waren. Seine Spezialität war es, besonders schwache Schüler vor versammelter Klasse bloßzustellen. Erst hielt er – didaktisch korrekt, aber mit Nachdruck – einen kurzen Vortrag über das „Phänomen Blödheit", alsdann er diesem Phänomen einen Namen gab. Er machte es spannend und wir Schüler warteten angstbesetzt darauf, wen von uns Herr R. für seine sadistischen Spielchen ausgesucht hatte. Meist erwischte es einen der naivsten Schüler, einen, der gar nicht verstand, dass er gemeint war. Den Höhepunkt und Abschluss fand diese Schülerquälerei mit der Selbstbestrafung des auserwählten Schülers: Dieser musste sich vor versammelter Klasse selbst ohrfeigen.

Wollt ihr wissen, was ich von der Schule halte? Ich werde es euch sagen: In erster Linie war zum Beispiel die Grundschule für mich ein Treffpunkt für Kinder, ein strategischer Ort, um zu planen und sich zu verabreden. Hier hast du immer jemanden getroffen, den du kennst oder kennenlernen konntest. Deswegen war die Schule neben der Familie ein wichtiger Ort der Kommunikation; hier wurden Dinge besprochen, die man im Elternhaus nie besprach, und hier konnten wir uns auch anders benehmen als zu Hause. Die Schule war also auch ein guter Ausgleich, eine Ergänzung zur Familie, manchmal aber auch der Familienersatz, denn die heile Welt meiner Schulzeit war oft gar nicht so heil. Mitschüler können sehr wohl Ersatzfamilie sein, ohne dass sie es wissen; manchmal reicht ihre Anwesenheit aus, um sich besser zu fühlen. Ich halte also fest: Schule ist nicht nur gut oder schlecht, sondern hat viele Aspekte. Sie kann Stabilität, Zuverlässigkeit und Vertrauen fördern – oder aber genau das Gegenteil.

Während meiner Grundschulzeit wurden Rituale noch sehr gepflegt: Mindestens einmal in der Woche wurde vor dem Unterricht gemeinsam gesungen: „Danke, für diesen guten Morgen, danke für jeden neuen Tag …" Zur Adventszeit wurde ein riesiger Adventskranz in der Aula aufgehängt und wir konnten anhand der brennenden Kerzen sehen, wie lange es noch bis Weihnachten dauert. Es wurde Weihnachtsschmuck gebastelt, es wurden Bilder mit weihnachtlichen Botschaften angefertigt, die Weihnachtsgeschichte durfte nie fehlen und überhaupt war die ganze Schule ein riesiger Basar, der weihnachtliche Stimmung verbreitete. Meist gab es noch eine kleine Weihnachtsfeier kurz vor den Weihnachtsferien, bei der kleine Geschenke und Süßigkeiten verteilt wurden.

Das Gute an der Grundschule war, dass wir spätestens ab Mittag frei hatten. Sicher, es waren noch Hausaufgaben zu machen, aber insgesamt gesehen hielt sich der Arbeitsaufwand in Grenzen. Es blieb also reichlich Zeit, um sich den wirklich wichtigen Dingen des Lebens zu widmen: Spielen, Abenteuer und die Geheimnisse der Welt entdecken. Wir genossen den Status kindlicher Unschuld und wurden selten mit unüberwindlichen Schulaufgaben malträtiert. Die Schule sollte neugierig auf Wissen machen und keine Quälerei sein, das Kind sollte seine eigene Identität entwickeln, auch wenn manche altbackene Pädagogen das anders sahen. Von der Härte des Lebens, der jeder von uns Schülern einmal mehr oder weniger ausgesetzt sein würde, waren wir noch weit entfernt. Aber klar war auch: Die Dämonen der Vergangenheit – sprich, die Werte der Elterngeneration in Zusammenhang mit ihrer eigenen Sozialisation – waren noch allgegenwärtig.

Es war die Zeit des gesellschaftlichen Umbruchs, eines Neuanfangs, der Erziehung einer neuen Generation von Menschen, welche die Schrecken des Krieges nur noch ansatzweise erahnen konnte. Die Eltern sprachen nicht darüber, die Verwandtschaft sprach nicht darüber und die Lehrerschaft schon gar nicht. Aber die Strenge und die

Disziplin ihrer Schulzeit konnten sie nicht verbergen – warum auch? Sie hatten es doch so erlebt – und trotzdem schwiegen sie, vermutlich, weil sie nie gelernt hatten, sich anderen anzuvertrauen. Sie überspielten ihre erlebten Verletzungen mit Härte und Disziplin und umgaben sich mit dem Habitus des Unnahbaren.

Die Schulzeit ist schon lange vorbei, und manchmal sind die Erinnerungen daran lückenhaft. Aber gerade die von mir beschriebenen Beobachtungen und Erfahrungen prägen sich tief ins Gedächtnis ein. Jeder von uns hat sicher einmal solche oder ähnliche Erfahrungen während der Schulzeit gemacht und erinnert sich gelegentlich daran.

Die Pädagogik meiner Schulzeit unterschied sich gewaltig von der heutigen. Sozialarbeiter, Pädagogen, Kriseninterventionsteams, Förderunterricht und dergleichen mehr sind schulische Maßnahmen der Neuzeit, waren in den 1960er und 1970er Jahren aber kein Thema. Wozu auch? Gott hatte uns alle mit den gleichen Fähigkeiten ausgestattet, und die galt es zu aktivieren. Die Frage, warum ein Schüler besser war als der andere, konnte nicht beantwortet werden oder wenn, dann meist dahingehend, dass er sich mehr angestrengt hatte.

Überhaupt: Das Wort „Anstrengung" sagt doch schon alles über die Schule aus. Hier geht es nicht in erster Linie um die Freude am Lernen, um die

Motivation, um die Sinnhaftigkeit der Schule als solche. Nein, vielmehr ist die Schule ein langer Prozess, wo schrittweise die Spreu vom Weizen getrennt wird. Über die Ursachen schlechter Noten machte sich fast niemand Gedanken, denn diese konnten nur beim Schüler selbst liegen: Man kam im Unterricht überhaupt nicht mit, war nicht bei der Sache oder eben stinkfaul – die Welt kann so einfach sein! Dass ein Kind möglicherweise durch äußere Umstände, zum Beispiel Probleme zu Hause oder innere Konflikte, unkonzentriert bei der Sache war, spielte bei der Benotung keine Rolle – entweder man kam im Unterricht mit oder eben nicht. Dass ein Kind mit der Autorität mancher Lehrer nicht zurechtkam oder gar Angst vor ihm hatte, spielte keine Rolle; ich glaube, es wurde eher selten bemerkt. Lehrer behandeln ihre Schüler nicht alle gleich, auch wenn sie das gern würden, und oft sind sie sich der Auswirkungen ihres Handelns auch gar nicht bewusst. Sie fühlten sich meist nur für den Unterricht verantwortlich, eher selten für die Gemütsverfassung eines Schülers, wenn es bei ihm mal nicht so richtig lief.

Ich fasse also zusammen: Die Lehrerschaft ging meist davon aus, dass alle Schüler die gleichen Voraussetzungen mit in die Schule brachten und dass es nur etwas Disziplin und Drill braucht, damit die

Schüler im Unterricht mitkamen. Wer nicht folgen konnte, war selbst schuld.

Ab 1972 besuchte ich die städtische Realschule Harsewinkel. Diese gibt es heute in dieser Form nicht mehr; sie wurde in eine Gesamtschule integriert. Im Gegensatz zur Grundschule saß ich plötzlich in einer Klasse mit mir völlig unbekannten Menschen. In der Grundschule kannte ich fast jedes Kind mit Namen, weil wir alle im gleichen Viertel lebten und aufwuchsen. Mein altes, vertrautes Netzwerk war weg und nun sollte ein neues entstehen.

Von nun an musste sich niemand mehr in Zweierreihen vor dem Schuleingang aufstellen; die Klassenräume waren geöffnet und man konnte einfach hineingehen. Unsere Klassenlehrerin hieß Frau K., eine kleine, hagere Person mit stets ermahnendem Gesichtsausdruck, der erst gar keine Unruhe aufkommen ließ. Ihre preußisch-zackige Art während des Unterrichts erwies sich als folgenschwer für Schüler, die mit einem solchen Verhalten wenig anfangen konnten. Wer nicht mitkam, wer Erklärungen suchte oder einfach ihren Unterricht nicht verstand, hatte es sehr schwer bei ihr.

Als Klassenlehrerin stellte sie unsere Zeugnisse aus. Diese sahen aus wie Kunstwerke: ein korrektes altdeutsches Schriftbild ohne auch nur ein winziges Anzeichen von Unsicherheit – wohlgemerkt, alles mit Hand geschrieben, jeder Buchstabe bis auf den Millimeter genau korrekt angeordnet. Hier wurde nichts dem Zufall überlassen – der Habitus einer Lehrerin mit hohem Sendungsbewusstsein auf einem DIN-A4-Blatt zusammengefasst.

Allen Widrigkeiten zum Trotz: Frau K. besaß einen Bauernhof in der Nähe von Warendorf, und einmal hatte sie uns Schüler zu sich nach Hause eingeladen. Da konnten wir Frau K. auch von einer anderen Seite kennenlernen.

Für den Englischunterricht war E. T. zuständig, ein kräftiger und stämmiger Kerl mit lauter Stimme, die er aber selten einzusetzen brauchte. E. T. war ein konservativer, aber gerechter Lehrer. Ausgestattet mit einer natürlichen Autorität, wurde er von den meisten Schülern akzeptiert. Sein Mantra lautete: „Sleep very well in your bettgestell." Damit meinte er diejenigen Schüler, die seinem Unterricht nicht ganz folgen konnten oder wollten. E. T. hatte es nicht so – wie viele andere Lehrer – mit Lieblingen und Bevorzugungen anderer Schüler; seine Benotungen wurden in der Regel als gerecht empfunden. Wer richtig Scheiß im Unterricht gebaut hatte, musste schon mal eine Stunde bei ihm nachsitzen. Das war eine harte Strafe: Alle Schüler dürfen nach Hause, nur du musst noch ganz allein oder mit dem Lehrer im Klassenzimmer sitzen und irgendwas arbeiten.

E. T. wohnte mit seiner Familie in Harsewinkel. Nachmittags sah man ihn gelegentlich, begleitet von einem braunen Jagdhund, auf seinem Fahrrad in die Heide fahren, wo er seiner Jägerleidenschaft nachging.

Herr E. war von einem anderen Schlag: ein Typ Lehrer, von dem man nicht versteht, wieso er so einen Beruf ergriffen hatte. Völlig unnahbar und distanziert spulte er seinen Unterrichtsstoff ab, auch wenn er hätte sehen müssen, dass ihm niemand richtig folgen konnte oder wollte. Aber das war ihm offensichtlich egal; wichtig war, dass die Stunde schnell vorbei war und er wieder von dannen ziehen konnte. Hast du was nicht kapiert (und das kam oft vor), dann war es eben deine Schuld; du warst einfach zu blöd, dem Lehrer zu folgen.

Dass E. seine etwas eigentümlich anmutenden didaktischen Fähigkeiten, aber auch seine mangelnde pädagogische Motivation seinen Schülern gegenüber einmal hinterfragte, ist unwahrscheinlich. Vielmehr ist davon auszugehen, dass er wirklich an seine Lehrerkompetenz glaubte. Er hatte die Macht, die weitere Entwicklung eines Schülers maßgeblich mitzubestimmen. Doch hatte er auch seine guten Seiten: Wenn zum Beispiel bei der Versetzung jemand auf der Kippe stand, war er sicher nicht derjenige, der einem im Weg stand, sondern sich auch mal erweichen ließ. Dann zeigte er sich auch einmal als Mensch und nicht nur als Lehrer, was ihm einige Schüler bis heute danken. Leute, das mit der Schule kann echt hart sein, besonders dann, wenn du eh schon schlechte Karten hast und auf die Gnade einer Lehrerin oder eines Lehrers angewiesen bist, damit du irgendwie weiterkommst und nicht eine Ehrenrunde drehen musst!

Wenn auch die meisten von uns Religion hasten, so war dieses Fach oft der letzte Anker, wenn es um die Versetzung ging. In Religion war jeder gut, zumindest befriedigend. Wer in Religion „ausreichend" auf seinem Zeugnis stehen hatte, dem konnte niemand mehr helfen. Religion galt für viele als die Alternative zum herkömmlichen Schulunterricht. Der Lehrplan war nicht so streng wie in anderen Fächern und ließ viel Freiräume offen, die wir Schüler sehr genossen. Gelegentlich fand der Unterreicht schon mal auf einer Wiese im Freien statt.

Im Religionsunterricht wurde über alles gesprochen: über die Todesstrafe, über Abtreibung, Drogen, Liebe und Sex – aber nie über Religion, Gott und Glauben. Mit 14 oder 15 Jahren interessiert das kaum noch einen Jugendlichen. Ab einem Alter von 14 Jahren konnte man sich sogar vom Religionsunterricht befreien lassen und musste stattdessen einen Ersatzunterricht besuchen. Doch das war taktisch unklug: Im Religionsunterricht konntest du Punkte machen, also an deiner Benotung arbeiten. Mit einem „Gut" oder „Befriedigend" im Fach Religion konnte man den Gesamtnotendurchschnitt auf seinem Schulzeugnis maßgeblich heben. So manches „Mangelhaft" wurde dadurch neutralisiert.

Der Religionsunterricht war nicht besonders strukturiert. Es wurde ein Thema vorgegeben und anschließend diskutiert; manchmal wurde ein Film gezeigt, der fast die ganze Schulstunde dauerte – so ein Pech aber auch, dass die anschließende Diskussion dabei etwas zu kurz kam. Gelegentlich kam es vor, dass die Filmprojektoren bzw. die Filmspulen nicht so wollten wie der Lehrer und streikten, sodass erst einmal eine wertvolle Viertelstunde verging, bis die Technik einsatzbereit war. Damals gab es noch kein Internet, keine Computer, keine VHS-Recorder und keinen DVD-Player, die in kürzester Zeit und mit wenig Aufwand den Unterricht unterstützten. Der Einsatz von moderner Technik hielt zu meiner Schulzeit so manche Überraschung bereit. Wenn beispielsweise nicht klar war, wie die einzusetzende Filmspule aufgerollt war, konnte es schon mal sein, dass ein Film rückwärts lief.

Das Fach „Leibesübungen" war ein Schulfach, wo man sich austoben konnte, ganz im Gegensatz zu den Unterrichtsfächern, wo man stillsitzen und aufmerksam zuhören musste. Endlich konnten wir uns mal austoben und nach Herzenslust herumschreien. Zwischen den langweiligen Schulstunden einfach einmal den Kopf abschalten und sich körperlich betätigen – das war für die meisten von uns eine willkommene Abwechslung. Waren Jungs und Mädchen zusammen im Sportunterricht, wurde meist Völkerball gespielt: Zwei Teams spielen gegeneinander mit dem Ziel, die Spieler der gegnerischen Mannschaft mit dem Ball zu treffen, sodass sie der Reihe nach ausgeschaltet werden. Gefragt sind Gewandtheit, Treff- und Fangsicherheit, Ausdauer sowie Schnelligkeit. Meist blieben wir Jungs aber unter uns und spielten Fußball, Volleyball, Handball oder Basketball, wobei Fußball eindeutig dominierte. Manch einer kam mit signierten Adidasschuhen zum Sport, auf denen Namen wie Franz Beckenbauer oder Uwe Seeler standen, oder aber mit überdimensionalen Handschuhen im Stil eines Sepp Maier. Wenn das Wetter es zuließ, ging es auch schon mal ins Freibad – Pech für diejenigen von uns, die nicht schwimmen konnten oder gar Angst vor dem Wasser hatten.

Ab Klasse 7 war Herr D. unser neuer Klassenlehrer, wenn ich mich recht erinnere. Er unterrichtete unter anderem Sozial- und Wirtschaftskunde sowie Sport. Vom Lehrerprofil her gehörte er zu einer neuen Generation von Lehrern: offen statt verschlossen, kooperativ statt eigenbrötlerisch und progressiv statt konservativ. Er hatte einen guten Blick für Missstände, die im Zusammenhang mit der Schule entstanden, sprach mit betroffenen Lehrern und Schülern und versuchte zu helfen, wo er eben konnte. Wir Schüler spürten vom ersten Tag an: Hier wird uns ein besonderer Lehrer eine Zeit lang unterrichten und uns begleiten. Sein Unterricht war modern, an Tagesthemen orientiert und realistisch, gelegentlich aber auch mal ziemlich langweilig. Egal, was die Leute über ihn sagen – ich habe nicht vergessen, dass er sich energisch und mit Erfolg für mich einsetzte, als es ums Ganze für mich ging. Dafür bin ich ihm bis heute dankbar. Um was es da genau ging, ist nicht wesentlich, aber als Schüler die Erfahrung zu machen, dass es Lehrer gibt, denen das Wohl und das Weiterkommen ihrer Schüler am Herzen liegt, ist für mich eine sehr wichtige Erfahrung, die bis heute einen wichtigen Wert für mich darstellt.

Was machen Schüler, denen der Unterricht zu langweilig ist? Richtig, sie machen Blödsinn: Sie quatschen miteinander, lesen Comics oder denken sich noch mehr Blödsinn aus. Wer es gar nicht mehr im Unterricht aushielt, ärgerte die Lehrerschaft so lange, bis sie ihn für den Rest der Stunde vor die Tür setzte. Es kam auch mal vor, dass irgendein Trottel vor dem Unterricht Stinkbomben in die Klasse warf, in der Hoffnung, dass der Gestank zum Ausfall der Stunde führte. Das gelang oft, aber manchmal auch nicht. Im letzteren Fall mussten sich dann alle Schüler in die Klasse setzen und den furchtbaren Mief 45 Minuten ertragen. Pädagogik der 1970er Jahre: einfach, effektiv und mit einer gewissen Langzeitwirkung.

In jeder Klasse lag ein Klassenbuch aus, wo – neben Krankmeldungen und sonstigen Vorkommnissen – auch Vermerke über das Verhalten einiger Schüler dokumentiert wurden. Somit konnten die Lehrer schon vor Beginn ihres Unterrichts lesen, auf welche Schüler sie besonders achten mussten. Meistens standen immer die gleichen Namen im Klassenbuch: „Martin stört den Unterricht", „Martin stört erheblich den Unterricht", „Martin wurde für den Rest der Stunde aus der Klasse ausgeschlossen". Die Einträge hielten sich insgesamt aber in Grenzen. Viele Störungen ließen sich auch ohne solche Maßnahmen regeln: Es gab genug Lehrer mit natürlicher Autorität, die bei uns Schülern eine hohe Akzeptanz genossen.

Aber wie das so ist in der Schule: Manchmal hast du einfach keinen Bock auf den Unterricht und überlegst dir Maßnahmen, um diesem zu entgehen. Die einfachste Lösung war, die Lehrer zu fragen, ob man auf die Toilette gehen darf. Das wurde in der Regel erlaubt – es sei denn, man war der klassische Störenfried, der ständig die Aufmerksamkeit des Lehrers auf sich zog. Dieser Störenfried musste sich schon mehr einfallen lassen, um zum Ziel zu gelangen. Die Mädchen waren auch nicht blöd: Sie gingen zur Lehrerin und klagten über Unterleibsschmerzen, die offenbar vor jeder Periode bei ihnen einsetzten, woraufhin die besorgte Lehrerin sie gleich nach Hause schickte.

In den Pausen war auf dem Schulklo besonders viel los. Besonders die älteren Schüler gingen gern zum Paffen dorthin. Die Gespräche waren hier wesentlich interessanter als im Unterricht. Im Grunde war das Schulklo der realistischere Ort echter Wissensvermittlung; hier erfuhrst du alles über Mofas, Autos, Musik, Mädchen und sonstige Dinge, die einfach nur Freude machen. An diesem Ort wurden die Naturgesetze regelmäßig zelebriert:

Naturgesetz Nr. 1: Alle Frauen stehen auf mich;

Naturgesetz Nr. 2: Alle Frauen stehen auf mich;

Naturgesetz Nr. 3: Alle Frauen stehen auf mich; und je blöder du die Mädchen anquatscht, umso mehr Erfolg wirst du haben.

Solche Naturgesetze waren einfach zu behalten und lösten Erwartungen und Hoffnungen in uns aus: Hey Leute, das Leben kann so schön und einfach sein – wenn du daran glaubst. Schon Udo Lindenberg, der musikalische Wegbegleiter meiner Jugend, besang 1975 seine Schulzeit unter anderem mit folgendem Refrain:

„Da war so viel los
das Leben bestand ausschließlich aus Sensationen
und jeder Tag
brachte jede Menge fantastische Situationen
Einmal sind wir losgezogen
wir suchten das Ende vom Regenbogen
da war schwer was los ..."

Wer diesen pubertären Jugendwahn nicht mitmachte und die Naturgesetze in Frage stellte, der hatte es besonders schwer. Jugendliche Sanktionen konnten für Abweichler sehr grausam sein, wobei die Begrüßung „Na, du schwule Sau!" oft der Standard war. Besonders unbeliebte Schüler wurden mit den Worten „Ey du Mongo" oder „Ey du Spasti" angesprochen. Einmal stand im Klassenbuch „R. wichst im Unterricht", was irgendein Schüler wohl lustig fand. Im Sportunterricht war es ein beliebtes „Ritual", Jungs von hinten an die Kronjuwelen zu greifen, was in der Regel allgemeines Gelächter hervorrief – Mädchen ausgenommen. Mädchen mussten brav und artig sein und hatten generell nichts zu sagen, wobei es natürlich Ausnahmen gab.

Mädchen und Jungen wurden gewöhnlich zusammen unterrichtet. Hinzu kamen die Fächer Werken für Jungen und Handarbeit für Mädchen. Manch einer der Jungs wechselte einfach das Fach, indem er stricken und was weiß ich noch lernte.

Der Werkunterricht fand meist gegen Mittag statt. Die Lehrpersonen, Frau K. und Frau T., dachten sich immer etwas aus, wie sie uns 45 Minuten beschäftigen konnten. Das schuf ihnen Freiraum für ihre Hobbys, wie zum Beispiel Malen oder Lesen. Erfahrene Lehrer wissen, wie sie eine ruhige Kugel schieben können …

Meist sollten wir etwas aus Ton gestalten, Holz mit Feilen, Sägen und Schmirgelpapier bearbeiten oder aus Ytong (das sind leicht zu bearbeitende Steine aus Beton) etwas Kunstvolles herstellen. Das Werkzeug dazu wurde in großen Holzschränken im Werkraum aufbewahrt. Jeder Schüler nahm sich daraus eine Schublade, in der sich Säge, Feile, Hammer, Hobel und sonstige Utensilien befanden. 45 Minuten lang konnten wir nun unserer Kreativität freien Lauf lassen.

Manche von uns nahmen den Unterricht ernst und nutzten die Zeit, um etwas Kunstvolles herzustellen, während ein großer Teil von uns Jungs die Freiräume des Werkunterrichts genoss: Feuchter Ton hat bekanntlich eine hohe Kohäsion, was bedeutet, dass das Zeug sehr gut an Wänden klebt.

Wird er dann auch noch beschleunigt, also durch die Gegend geworfen, und trifft er auf eine harte Fläche, dann klebt er daran fest. Einen großen Klumpen Ton auf diese Weise zu „bearbeiten" war eine tolle Abwechslung – natürlich sehr zum Ärger unserer Lehrer. Der Fußboden des Werkraums bestand aus Holz, und darauf wurden gelegentlich schon mal Schultaschen festgeschraubt.

Ein beliebtes „Ritual" war es, Schultaschen mit Werkzeugen aus dem Werkzeugraum vollzustopfen, die dann vom ahnungslosen Besitzer mit nach Hause genommen wurden. Einmal haben wir ein Schüleretui mit flüssigem Gips befüllt, und als dieser hart war, holte der Besitzer einen riesigen Klumpen Gips aus seinem Etui, an dem Stifte, Anspitzer und ein Radiergummi hingen. Ich konnte beobachten, wie besonders eifrige Schüler das gerade gebaute Regal eines Mitschülers mit der elektrischen Bandsäge einfach in zwei Teile geschnitten haben – da gabs richtig Ärger.

Wenn ich an meine Schulzeit in Harsewinkel zurückdenke, sehe ich manchmal längst vergessene Bilder, die mir so hell und bunt erscheinen, als ob sie erst gestern entstanden wären: den großen Adventskranz, der jedes Jahr in der Aula der Paulusschule hing und Weihnachten ankündigte; Direktor Brokamp, wie er im dunklen Anzug und Zigarre rauchend vor dem Eingang der Schule steht und uns I-Männchen mustert; junge Lehrerinnen, die selbstgebastelte Blumen aus Buntpapier an fleißige Schüler verteilen; die erste Schulstunde morgens um acht, wir müssen aufstehen und singen „Danke für diesen guten Morgen, danke für jeden neuen Tag, danke, dass ich all meine Sorgen auf dich werfen darf"; ich sitze im Beichtstuhl und der Pfarrer wartet darauf, dass ich ihm mein Sündenregister aufzähle; ich sehe mich kniend auf der Kirchenbank ein Vaterunser beten – mein Sündenregister wurde von allerhöchster Stelle gelöscht. „Ich bin klein, mein Herz ist rein, soll niemand drin wohnen als Jesus allein."

Frau B. war die hübscheste Lehrerin der Realschule. Wie viele andere hätte auch ich gern ihre Gunst erworben. Sie hatte lange, brünette Haare und blaue Augen. Sie trug gern große Ohrringe sowie figurbetonte Jeanshosen, gelegentlich einen Rock und im Sommer ein Kleid. Wenn sie dann in ihrer ganzen Schönheit vor uns in der Klasse stand, wurde es manchmal merkwürdig still. Die Schönheit der Natur ließ uns verstummen und wir durften sie ohne Worte einfach nur bestaunen. Ob sie spürte, dass wir in ihr mehr als nur eine Lehrerin sahen, weiß ich nicht, aber ich vermute, dass ihr die verträumten Blicke einiger Jungs nicht entgangen waren.

Hormone haben ihre eigene Sprache und können den Verstand schon mal außer Kraft setzen, was ja an und für sich nichts Verwerfliches ist. Wir sind eben nicht nur soziale, sondern auch biologische Wesen, ausgestattet mit den Werkzeugen der Natur, die ihre eigene Dynamik haben. Während meiner Schulzeit war das Thema Sexualität stets angesagt, aber die Erwachsenen sagten uns gelegentlich, was in dieser Hinsicht richtig und falsch ist. Meistens sagten sie gar nichts, vermutlich weil es auch nichts zu sagen gab; die „Aufklärung" überließen sie lieber Schule und Kirche. Unsere Eltern dürften wohl kaum aufgeklärt gewesen sein, denn auch nur die leiseste Anspielung, zum Beispiel wie das mit dem Kinderkriegen ist, erzeugte eine ungewöhnliche Spannung im Raum, die sich erst durch das völlige Ignorieren dieser Frage löste.

Pickel im Gesicht sind ein untrügliches Zeichen dafür, dass sich etwas in unserem Körper verändert. Plötzlich wachsen Haare an Stellen, wo du es gar nicht erwartet hast. Bei dem einen wuchsen sie schneller als beim anderen und manch einer trug seine biologischen Wachstumsfortschritte wie eine Trophäe vor sich her. Die menschliche Natur hat ihre eigene Dynamik und will von Hausaufgaben und gesellschaftlichem Leistungsdruck nichts wissen. Diese Dualität zwischen Natur und Mensch ist wohl auch der Grund dafür, dass wir uns ständig mit diesem Widerspruch auseinandersetzen müssen. Denn anders als die Natur hat die Gesellschaft Verhaltensregeln aufgestellt, die für alle gelten und das soziale Miteinander einigermaßen regeln – was schon mal zu inneren Konflikten und Widersprüchen führen kann. Die Komplexität des Lebens verlangt von uns hohe Anpassungsleistungen, um in dieser Gesellschaft bestehen zu können.

Zu meiner Schulzeit gab es noch kein Google, Facebook oder Twitter. Was es gab, das waren neugierige Kinder, die an den Lippen der älteren Schüler hingen, wenn sie ihre dick aufgetragenen Frauengeschichten erzählten: wen sie nicht schon alles angebaggert hatten; wie die oder die im Bikini aussah; wie einfach es doch sei, eine Frau rumzukriegen; nur Coolness und Lässigkeit führen zum Erfolg usw. Was ich damit sagen möchte, ist, dass das Wissen über das andere Geschlecht und alles, was damit zusammenhängt, mündlich von den Älteren an die Jüngeren weitergegeben wurde. Es gab ja auch keine anderen Informationsquellen, die so „wirklichkeitsnah" waren wie die bildhaften Erzählungen der älteren Mitschüler (unabhängig von ihrem Wahrheitsgehalt). Diese Erzählungen beflügelten unsere Fantasie: Was wird kommen, wenn auch ich so weit bin?

Über Verhütung wurde unter uns Jungs nicht gesprochen. Wir machten es so wie die Eltern und ignorierten solche „Kleinigkeiten" – kein Wunder, wir waren ja auch nicht betroffen, denn die Kinder bekamen ja nicht wir. Was wir kannten, das war der „Coitus interruptus", eine sehr unsichere Methode der Empfängnisverhütung. Ich glaube, dass viele „Betriebsunfälle" durch diese Form der Schwangerschaftsverhütung verursacht wurden. Zwar gab es verantwortungsbewusste Lehrerinnen und Lehrer, die um diesen Umstand wussten und die versuchten, uns im Rahmen ihrer Möglichkeiten vor solchen Praktiken zu warnen. Aber ansonsten steckte das Thema „Aufklärung" noch in den Kinderschuhen.

Meistens waren es die Mädchen, welche die Jungs darüber aufklärten, wie das im Bett zusammen funktioniert. Und sie waren diejenigen, die sich trauten, in der Apotheke Präservative und Schaumovula zu organisieren. Manche von ihnen ließen sich auch schon die Pille verschreiben. Die Antibabypille war in meiner Kindheit und Jugend noch nicht so stark verbreitet, setzte sich aber im Laufe der Jahre immer mehr durch.

Die Schulstrafen von damals sind einer moderneren Pädagogik gewichen, die Fragen nach den Ursachen abweichenden Verhalten stellt und entsprechende Maßnahmenpakete erarbeitet. Sitzenbleiben ist für ein Kind heute mit weniger Angst verbunden als früher; womöglich wird es einmal ganz abgeschafft. Und Kinder werden heute ganz anders bzw. gezielter gefördert, wenn sie bestimmte Leistungen nicht erbringen. Ob das nun besser ist oder nicht, kann ich nicht beurteilen. Ich sehe nur, dass sich in pädagogischer Hinsicht einiges getan hat, was Schülern zugutekommen kann.

9. Sommerfreuden im Freibad

Das Freibad der Stadt Harsewinkel wurde 1960 in Betrieb genommen. In den Sommermonaten war es meist rappelvoll und kein Laptop oder Smartphone störte das Treiben im und am Wasser. Was gibt es Schöneres, als an einem heißen Sommertag im Schwimmbad mit Freunden abzuchillen? Im Sommer war das Freibad unser Lebensmittelpunkt.

Schon aus der Ferne konnten wir am Geschrei einschätzen, wie voll es in etwa war. Die überfüllten Fahrradständer vorm Eingang und die langen Schlangen vor der Kasse waren keine Anzeichen von Stress, Chaos oder gar Überforderung, sondern Ausdruck kollektiver Lebensfreude. Stolzer Besitzer einer Jahreskarte zu sein, bedeutete ungehinderten Einlass zu jeder Tageszeit. Jedes Jahr erschien sie in einer anderen bunten Farbe: Blau, Grün oder Pink. Wenn es die Zeit erlaubte und wir nicht gerade mit unnötigen Beschäftigungen wie Aufräumen oder Hausaufgaben zu tun hatten, dann traf man uns im Freibad: vormittags, nachmittags und später auch – als wir über 14 Jahre alt waren – auch gegen Abend. Wenn Badeschluss war, ertönte aus den Lautsprechern der Sprechanlage die Stimme des Bademeisters: „Achtung, Achtung! Alle Badegäste haben sowohl das Wasser als auch das Schwimmbad zu verlassen."

Das Freibad sieht heute aus, wie ein fast 60 Jahre altes Freibad eben aussieht: ein riesiges Areal mit großzügigen Liegeflächen, großem Baumbestand und vielen Möglichkeiten, Fußball, Volleyball oder sonstigen Sport zu betreiben. Momentan wird es generalsaniert. Mittelpunkt des Bades ist das große Schwimmbecken, sicher 50 Meter lang und 20 Meter breit, aufgeteilt in einen Schwimmer- und einen Nichtschwimmerbereich. Zusätzlich gibt es noch ein Sprungbecken nebst Sprungturm. Dieses war mit einer langen Kette vom Schwimmbecken getrennt. Da sie im Wasser lag, konnten wir uns draufstellen und unsere Aufmerksamkeit den Sprungakrobaten widmen: Ob Arschbombe, Salto, doppelter Salto oder ein rückwärtsgesprungener Salto – so etwas live zu sehen ist schon etwas anderes als ein Akrobatenvideo auf YouTube. Außerdem gab es noch ein Rutschbecken mit einer großen Steinrutsche in der Mitte – wer mutig war, rutschte, mit dem Kopf voraus, auf dem Bauch nach unten.

Vom Beckenrand aus ins Wasser zu springen war strengstens verboten. Tat man es trotzdem, ertönte sofort die Trillerpfeife des Bademeisters und er stürmte auf einen los, als ob man ein schweres

Verbrechen begangen hätte. Sprang man trotz Verwarnung noch einmal vom Beckenrand ins Wasser, war die Höchststrafe angesagt: Badeverbot. Es gab Badeverbote für einen Tag, für eine Woche oder auch für längere Zeit, je nachdem, was man angestellt hatte.

Der Bademeister brauchte niemanden mit Namen aufzuschreiben, denn er kannte jeden seiner Pappenheimer mit Namen. Er war auch für die Abnahme von Schwimmprüfungen zuständig. Die kleinste Auszeichnung war das Seepferdchen, hier galt es, 15 Minuten ohne Pause zu schwimmen. Der Fahrtenschwimmer erforderte eine Schwimmleistung von 30 und der Jugendschwimmschein eine von 45 Minuten. Da galt es außerdem, einen Gegenstand aus 3,80 Meter Wassertiefe zu holen und in vollständiger Kleidung einen Verletzten aus dem Wasser zu bergen. Nach bestandener Prüfung gab es ein Stoffabzeichen, das auf die Badehose genäht wurde. Die höchste Auszeichnung war der Totenkopf. Wer so ein Teil auf der Badehose trug, zeigte allen, dass er mindestens eine Stunde, wenn nicht sogar zwei Stunden ohne Pause schwimmen konnte.

Der Freibadkiosk war heiß begehrt. Lange Schlangen lieferten den Beweis, dass hier gute Ware zum akzeptablen Preis angeboten wurde. Wer es nach langer Wartezeit endlich bis an den

Tresen schaffte, dem offenbarte sich das Paradies. Es gab alles, was Kinderherzen höherschlagen ließ: Brausepulver, Brausebonbons, Fruchtgummis in Schnullerform und Fruchtgummis in Schlangenform, Kaugummi mit Fruchtgeschmack und Kaugummi mit Pfefferminzgeschmack, Mäusespeck, Lakritzstangen, Schokolade, Waffeln, Bonbons, Eis und vieles mehr. Wir bestellten dies und das, und wenn wir das Geld über die Theke schoben, wurde alles in eine kleine Papiertüte gefüllt und uns ausgehändigt. Besonders beliebt in den 1970er Jahren waren Ahoi-Brause und Coca-Cola-Eis.

Als wir älter wurden, interessierten wir uns nicht mehr so für Schwimmabzeichen, Auszeichnungen und Sport, sondern schauten lieber den hübschen Mädchen in ihren Bikinis nach, wie sie so am Beckenrand saßen oder um das Becken herumstolzierten. Völlig uninteressiert gingen sie an uns vorbei und taten so, als ob wir gar nicht existierten. Interesse zu zeigen galt als verdächtig; mit so einer konnte etwas nicht stimmen.

So mit 13 oder 14 Jahren ging es los: Wir gingen nur noch ins Freibad, um Mädchen kennenzulernen oder sie einfach nur anzusehen, diese wunderbaren Geschöpfe der Natur. Es war Sommer, es war heiß und wir waren heiß. Bei pubertären Wasserspielchen, bei denen man sich gegenseitig Wasser ins Gesicht spritzte, gab es für uns Jungs die eine oder andere Gelegenheit, mal einem Mädchen näher zu kommen – natürlich völlig unbeabsichtigt. Die Mutprobe bestand darin, sich unter Wasser zu küssen. Monika war spitze, aber Doris küsste noch besser. Das war eine schöne und aufregende Zeit.

10. Musik meiner Jugend

Jeder Mittvierziger aus Harsewinkel kennt die Münsteraner Rockband „Die Zwillinge und die Blechgang". Wichtigstes Erkennungsmerkmal: die Zwillinge Richard und Gerd Bracht. Eine tolle Live-Band, die schon seit über 40 Jahren diverse Festivals und sonstige Veranstaltungen bespielt.

Das erste Mal sah und hörte ich sie Ende der 1970er Jahre auf einem Open-Air-Festival in den Harsewinkler Boombergen. Ihr Auftritt begann erst spät in der Nacht und dauerte bis zum frühen Morgen. Was für ein Erlebnis! Neben Eigenkompositionen spielten sie auch Musik von Chicago und Elton John. In ihren Musiktexten geht es um Themen wie Liebe, Glück, Frustration und Freizeit – Texte, die zu Ostwestfalen und den dort lebenden Menschen passen: „So ein Bauch dick vom Bier, gehört zum Mann wie ein langer Schwanz zum Tier" oder ihr Gassenhauer „Alkohol, Alkohol, du bist mein Feind, das weiß ich wohl. Schon in der Bibel steht geschrieben, du sollst auch deine Feinde lieben". Die Zwillinge spielen auch heute noch, und gelegentlich treten sie in Harsewinkel auf, wie mir eine gute Bekannte aus Harsewinkel letztens voller Stolz erzählte.

Mein ältester Bruder Uwe besaß zu dieser Zeit schon eine ganze Menge Schallplatten und ich konnte jeden Tag hören, was er zu Hause auflegte: Emerson, Lake and Palmer, Pink Floyd, Klaus Schulze, Neil Young, Kraftwerk, Frumpy mit Inga Rumpf, Jethro Tull, Genesis und vieles mehr. Das hat meinen Musikgeschmack nachhaltig beeinflusst.

Meine Eltern hatten sich damals eine moderne Musikanlage von Philips angeschafft, bestehend aus Plattenspieler, Kassettendeck und Radio. Das war der Standard, bevor der Hi-Fi-Hype richtig losging. Musikalisch orientierten sich meine Eltern eher an dem, was täglich im Fernsehen oder Radio präsentiert wurde:

> „Zwei Apfelsinen im Haar
> und an der Hüfte Bananen
> trägt Rosita seit heut
> zu einem Kokosnußkleid"

> (France Gall)

Na, ja, vom künstlerischen Anspruch her ist der Text nicht gerade der Brüller, aber er traf den deutschen Massengeschmack. In unserem Wohnzimmer lagen Schallplatten von James Last, Milva, Heintje und Roy Black – ach ja, der Roy, der Traum jeder Schwiegermutter:

> „Ganz in Weiß, mit einem Blumenstrauß,
> so siehst du in meinen schönsten Träumen aus.
> Ganz verliebt schaust du mich strahlend an.
> Es gibt nichts mehr, was uns beide trennen kann.

Ganz in Weiß, so gehst du neben mir.
Und die Liebe lacht aus jedem Blick von dir".

Das war noch Musik mit Nachhaltigkeitsfaktor, die Generationen von Frauen bis heute bewegt und die Damenwelt dahinschmelzen lässt. Roy Black (in Wahrheit hieß er Gerhard Höllerich) hatte mit diesem Lied den Nerv einer ganzen Generation getroffen und natürlich auch in wirtschaftlicher Hinsicht einen Volltreffer gelandet. Ja, der Roy, immer fröhlich lächelnd und gut gekleidet, trotzt allen Widrigkeiten des Lebens, wobei am Ende immer die Liebe siegt. Auch schauspielerisch wusste er in den Kitschfilmen der 1970er Jahre zu punkten: Das Leben ist schwer, aber ein Lächeln von Roy bringt das Leben wieder in Ordnung. In seinen Filmen transportiert er die vermeintlichen Träume einer ganzen Generation. Sein Tod mit gerade einmal Mitte 40 zeigte, dass das Leben es mit ihm aber nicht so gut meinte.

Getoppt wurde Roy Black nur noch von Heintje. Kennt ihr noch Heintje Simons, ein kleines fernsehtaugliches und unschuldiges Bübchen, das sich in die Herzen aller Mütter sang?

„Mama, du sollst doch nicht um deinen Jungen weinen,
Mama, einst wird das Schicksal wieder uns vereinen
[...]
Und bringt das Leben mir auch Kummer und Schmerz,
dann denk ich nur an dich.
Es betet ja für mich – oh Mama – dein Herz".

So sollte ein Junge der 1970er Jahre sein: brav und artig, sensibel und klug, bescheiden und höflich – einer, der keinen Ärger macht. Fernsehen war noch echte Wunschprojektion: Dort wurde alles an Gefühlslagen transportiert, was irgendwie massentauglich war. Und wenn es düster im Leben wurde, tröstete Frank Sinatras *Strangers in the night* so manchen unglücklichen Menschen – schniefi schniefi schneuz.

Patenonkel und Patentante standen eher auf Hans-Joachim Kulenkampff und Peter Frankenfeld. Liebst du Kulenkampff und Frankenfeld, hast du Recht auf Krankengeld. In ihren Samstagsabendshows gab es auch schon mal etwas nackte Haut zu sehen, wenn das Ballett bzw. die langbeinigen Tänzerinnen in engen Kostümen einen zum Besten gaben. Anschließend ging Patenonkel noch mal schnell in den Keller, um sich ein Bierchen zu holen, und brachte Patentante noch ein Likörchen mit. Wenn die Peter-Alexander-Show lief, gab es für beide kein Halten mehr: Ihrem Lieblingsunterhalter hielten sie bis zum Schluss die Treue.

Egal ob im Film, beim Singen oder bei einer eigenen Show: Peter Alexander war in den 1970er Jahren und auch später ein wirklicher Superstar – zumindest für diejenigen, denen er gefiel. Er transportierte das deutsche Lebensgefühl in die Wohnzimmer von Herrn und Frau Bieder, der Peter, der

Inbegriff vegetativer Gemütlichkeit und Traum aller Schwiegermütter. Wie konnte es nur so weit kommen?

Ob ihr es glaubt oder nicht, ich habe in Harsewinkel einmal Tony Marshall getroffen. Er spielte mit seiner Band bei „Poppi" Poppenborg, ein Traditionsgasthaus mit großem Veranstaltungssaal mitten in der Stadt. Es war schon spät am Abend, als wir, schon etwas leicht angesäuselt, dort ankamen. Tony Marshall war damals schon ein Vollprofi und wusste, wie er mit dem Publikum umzugehen hatte. Als wir ihn mit Victory-Zeichen begrüßten, grüßte er uns mit gleicher Geste zurück und lachte alles, was möglicherweise stören könnte, einfach weg. Als sein Auftritt zu Ende war, wollten wir ihn noch auf ein Bier einladen und versuchten es hinter der Bühne, doch da war leider kein Tony mehr anzutreffen. Dafür war der Bassist umso geselliger und trinkfreudiger und ließ es sich nicht nehmen, in einer angenehmen Runde noch ein paar Bierchen mit uns zu trinken.

James Last gab auch mal ein Gastspiel in Harsewinkel, auf dem Schützenplatz, direkt unter dem Pavillon. Das Konzert fand im Rahmen eines Jubiläums eines großen Harsewinkler Versicherungskonzerns statt, allerdings nur für geladene Gäste. Aber das tat der Sache keinen Abbruch, denn wir konnten das Konzert auch direkt von der Straße aus sehen und hören. Höhepunkt des Konzerts war die Einlage des Schlagzeugers, der sich mitsamt Schlagzeug in schwindelerregende Höhen befördern ließ.

Die *ZDF-Hitparade* mit Dieter Thomas Heck war das Kultfernsehen der 1970er Jahre. Heck bediente das Verlangen der Deutschen nach Schlagermusik. Die sogenannte Neue Deutsche Welle (NDW) erhielt einige Zeit später Einzug in seine Show. Pünktlich um 19:30 Uhr wurde jeden Samstag die Glotze eingeschaltet und dann ging es auch schon los:

> „Samstagabend, 19:30 und 21 Sekunden, hier ist das zweite Deutsche Fernsehen, hier ist Berlin. Wir beginnen mit der Startnummer drei, hier ist Michael Holm mit Tränen lügen nicht."

Und dann trat er auf, diese Mischung aus Versicherungsvertreter und Herrenausstatter, und die Frauen brachten ihm während seines Auftritts Blumen und ein Küsschen: „Dreh dich einmal um, schau mir ins Gesicht und du verstehst, Tränen lügen nicht."

Gelegentlich gab es schon Musik mit englischen Texten, zum Beispiel von Boney M. oder Roger Whittaker. Die Formation Boney M. war der Inbegriff deutscher Discomusik der 1970er und 1980er Jahre, eine Band, die ausschließlich aus schwarzen

Sängerinnen und einem schwarzen Tänzer bestand, über den gerätselt wurde, ob er wirklich singen kann oder nur den Mund bewegt. Diese Band war das geistige Produkt des deutschen Musikproduzenten Frank Farian, der sich sicher auch heute noch über das Projekt Boney M. freuen darf, wenn man nur an die Tantiemen denkt. Die Chinesen lieben Boney M., besonders die Weihnachtslieder, die da im Weichspüler jedes Jahr daherkommen.

Wenn mich heute jemand fragt, welche Interpreten der *Hitparade* mir am besten gefallen haben, dann würde ich sagen: Roger Whittaker und Jürgen Drews. Denn sie konnten Gitarre spielen und wussten, dass man auch mit einfachen Arrangements einen guten Hit landen kann.

Disco mit Ilja Richter hieß eine 45-minütige Musiksendung, die – anders als die *ZDF-Hitparade* mit Dieter Thomas Heck – unterschiedliche Musikstile wie Disco-, Schlager-, Pop-, Rock- und Countrymusik präsentierte. Moderator Ilja Richter spielte zwischendurch immer ein paar Sketche oder machte den Pausenclown. Die Sendung wurde immer mit den Worten eingeleitet: „Licht aus. Yeah. Spot an. Ja." Dann wurde das Publikum von Ilja mit „Hallo Freunde" begrüßt, welches dann lautstark mit „Hallo Ilja" antwortete. Die Interpreten mischten sich meist unter das Publikum und sorgten so für die eine oder andere Überraschung.

Dann gab es noch den *Musikladen* mit Uschi Nerke und Manfred Sexauer. Letzterer hatte ein gutes Gespür für die Musik seiner Zeit und präsentierte in der Sendung sowohl erfolgreiche Titel als auch Neuvorstellungen. Der *Musikladen* war absolut „undeutsch", was die Auswahl der Interpreten betraf, denn neben Insterburg & Co. traten Legenden wie Johnny Cash, Chris Barber oder auch Chuck Berry auf. Die Atmosphäre des *Musikladens* entsprach irgendwie der eines staubigen, aber gemütlichen ostwestfälischen Partykellers. Auch Suzi Quatro, ABBA oder Duran Duran gaben sich hier ein Stelldichein.

Der *Rockpalast* war für mich der Inbegriff cooler Rock- und Popmusik, eine Institution, die alle Regeln der Einschaltquoten ignorierte und deren Moderatoren sich auf ihr musikalisches Bauchgefühl verließen. Die Anfänge des *Rockpalasts* liegen in den 1970er Jahren. Das erste Konzert wurde live aus der Grugahalle in Essen in viele Länder der Welt übertragen. Im Juli 1977 traten unter anderem auf: Rory Gallagher, Little Feat und Roger McGuinn's Thunderbyrd. In den nachfolgenden *Rockpalast*-Sendungen konnten wir – meist in den frühen Morgenstunden – großartige Bands und Musiker hören wie Mothers Finest, J. Geils Band, The Police, The Who, Peter Gabriel, Patty Smith, van Morrison oder Nils Lofgren.

Am 19. April 1980 fuhren wir zu viert mit meinem ersten Volkswagen von Harsewinkel nach Essen und sahen uns das Konzert mit The Blues Band, Joan Armatrading, Ian Hunter und ZZ Top an. Ich war gerade 18 Jahre alt geworden, und Freunde hatten mir eine Eintrittskarte für das Konzert geschenkt, die damals ca. 13 Deutsche Mark gekostet hat. Das Konzert dauerte bis zum frühen Morgen. ZZ Top startete erst um 2 Uhr morgens. Aber da war mir schon so übel von der schlechten Luft in der Grugahalle, dass ich diese vorzeitig verlassen musste. Dafür war Ian Hunter super. Ich stand ganz vorne an der Bühne und Ian hatte neben seiner großartigen Stimme eine ziemlich feuchte Aussprache (wenn ihr versteht, was ich meine).

Doch bleiben wir noch einen kurzen Moment in Harsewinkel. Auch hier hatte sich eine kleine Musikszene etabliert, die über die Stadtgrenzen hinaus bekannt war. Damit meine ich Harsewinkler Nachbarorte wie Herzebrock, Clarholz, Gütersloh oder Rheda. In Clarholz hörten wir auf einem Open-Air-Konzert eine Harsewinkler Rockband mit dem Namen Neuschnee. Was für Musik sie genau spielten, weiß ich nicht mehr so genau; jedenfalls coverten sie Joe Cockers Beatles-Version „With a little help from my friends". Und weil ihnen das so gut gelang, spielten sie das Stück als Zugabe noch einmal.

Erst gestern bin ich noch auf eine Musikkassette der Harsewinkler Bluesband Pete and Friends gestoßen, selbst aufgenommen und gestaltet, wie es sich damals gehörte. Das erste Mal hörte ich das Trio im Veranstaltungssaal der St.-Paulus-Kirche. Ich glaube, dass diese Band noch immer existiert bzw. dass einige der damaligen Bandmitglieder musikalisch noch immer aktiv sind.

Der Jazzgitarrist Ansgar Specht ist eine Institution in der Jazzszene in Ostwestfalen und darüber hinaus. Viele kennen ihn noch aus Kiekes-Rin-Zeiten, wo man sich fast täglich traf und austauschte. Wer wusste, dass Bebop kein Tanz ist, sondern etwas mit Jazzmusik zu tun hatte, und dass Pentatonikskalen grundlegende Elemente des Jazz sind, der konnte sich mit Ansgar prima unterhalten. Aber auch so war er ein netter Kerl, in dessen Gesellschaft es immer etwas zum Erzählen gab.

Wer die Homepage von Ansgar Specht besucht, sieht sofort: Hier ist ein leidenschaftlicher Profi am Werk. Ansgar hat schon mehrere Alben aufgenommen und ist konzertmäßig viel in der Region unterwegs. Dieser Ausnahmemusiker ist ein gutes Beispiel dafür, dass Leidenschaft, Fleiß und Ausdauer belohnt werden und zum Erfolg führen, und es ist schön zu sehen, dass jemand seine Liebe zur Musik zum Beruf machen konnte.

Mittlerweile sind über 25 Jahre vergangen und in musikalischer Hinsicht ist einiges passiert: Die Harsewinkler Musikszene hat sich weiterentwickelt; es gibt immer noch viele junge und motivierte Musiker, die sich auf das öffentliche Parkett wagen. Auch wenn sie nicht über die Stadtgrenzen hinaus bekannt sind, ist das kein Grund zum Trübsalblasen. Selbst wer nur vor zehn Leuten auftritt, hat meine Bewunderung verdient, denn es geht ja nicht um Quantität, sondern um das Zeigen der eigenen Ideen und Kreativität. Dazu gehört schon viel Mut.

Überhaupt war progressive Musik wie Rock, Blues, Jazz oder Folk als alternativer Gegensatz zu Schützenkapellen, Marschmusik und Tanzmucke damals sehr angesagt. Rückblickend kann ich nicht sagen, warum plötzlich so viele Leute auf die Rolling Stones, The Beatles, Santana, Pink Floyd, Neil Young oder auf Indie-Bands wie Ashra standen. Jedenfalls erreichte diese Art Musik auch den letzten Winkel Ostwestfalens. Wir brauchten nur um die Häuser zu ziehen und schon konnten wir angesagte Musik aus irgendeinem Fenster hören.

Richtig zu hören war die Mucke auf sogenannten Moonlight-Partys, die irgendwo in der Harsewinkler Pampa, meist in den Emswiesen stattfanden. Da wurde nicht groß Werbung gemacht, sondern jeder, der sich angesprochen fühlte, tauchte dort auf. Das Licht war schummrig und wir, gerade mal so um die 16 Jahre, konnten kaum erkennen, was da vor sich ging. Stundenlang wurde psychedelische Musik in ordentlicher Lautstärke aufgelegt, die wie eine spirituelle Droge wirkte. Pink-Floyd-Musik in den Harsewinkler Emswiesen – das war Fortschritt, das war für mich was ganz Besonderes:

„Remember when you were young?
You shone like the sun.
Shine on, you crazy diamond.
Now there's a look in your eyes
Like black holes in the sky.
Shine on, you crazy diamond."

Und dann dieses einzigartige und unverwechselbare Gitarrenspiel von David Gilmour – eine Offenbarung! Niemand auf der Welt spielt eine Fender Stratocaster so grandios und so filigran wie dieser englische Ausnahmegitarrist. Noch psychedelischer wurde es, wenn Musik von Tangerine Dream aufgelegt wurde, einer deutschen Formation, die insbesondere durch den Einsatz von Synthesizern bekannt wurde – eine völlig neuartige Musik, zeitlos und avantgardistisch.

Die Moonlight-Partys in den Emswiesen wurden meist privat organisiert. Man traf sich zum Musikhören und um sich zu unterhalten. Alkohol wurde keiner verkauft, so meine Erinnerung. Man ging dort einfach hin, chillte zusammen mit ein paar Leuten ab und hörte dazu gute Musik – ein einfaches Konzept mit großer Breitenwirkung.

Überall roch es nach Patchouli, ein in den 1970er Jahren sehr angesagtes indisches Parfüm. Und der Duft von Räucherstäbchen machte sich auf dem ganzen Platz breit. Ein guter Ort, um das andere Geschlecht kennenzulernen, denn auf diesen Partys liefen auch eine Menge Mädchen herum, meist in bunter Kleidung und mit einem Fransenstoffbeutel bestückt, wo sie ihre Utensilien wie Tabakbeutel und sonstige Dinge verstauten.

Übrigens trugen auch viele Männer so einen Beutel, in denen sie ihre Rauchutensilien und andere Dinge verstauten. Langes Haar war Pflicht, Ausnahmen natürlich inbegriffen, aber wer mit kurzen Haaren auftauchte und in der Szene nicht bekannt war, war irgendwie verdächtig, möglicherweise sogar ein Drogenfahnder aus Gütersloh.

In einem etwas geordneteren Rahmen verliefen die dreitägigen Rockfestivals, die ab Mitte der 1970er Jahre erst in den Boombergen und später in der Nähe des Ikarus-Platzes stattfanden. Es wurde eine große Bühne aufgebaut und es gab einen Zeltplatz mit sanitären Anlagen. Für manch einen Getränkeverkäufer waren solche Veranstaltungen ein lukratives Geschäft. Ein Bierwagen mit der Aufschrift „Warsteiner Bier" hatte eine magische Anziehungskraft: Schon bevor der Stand am Samstagvormittag öffnete, stand schon eine große Menschenmenge an und wartete auf Flüssiges.

Das Publikum war ausgewogener als auf den Moonlight-Partys, es repräsentierte den Durchschnitt der regionalen Jugend. Es war eine Veranstaltung für alle Jugendlichen; wer sich angesprochen fühlte, ist einfach gekommen. Der Zeltplatz lag nicht weit entfernt von der Bühne und es gab reichlich Parkplätze. Wer nicht mehr fahren konnte und kein Zelt hatte, schlief einfach im Auto. Manchmal war auch noch ein Platz in einem Zelt frei – so ein Festival bot sich wunderbar an, andere Menschen kennenzulernen. Einige Besucher hatten Hängematten dabei; der Improvisationsfreude und Kreativität waren keine Grenzen gesetzt. Und es gab Leute, die einfach irgendwo im Wald schliefen, dort, wo es ihnen gefiel und sie sich sicher fühlten.

Dort trafen wir an einem Nachmittag einen eigenartigen Menschen, den alle den „Druiden" nannten: ein kleiner bärtiger Mann in einem weißen Gewand, der Kräuter und Ähnliches sammelte und dann in seinem Umhängebeutel verstaute. Er erinnerte irgendwie an Miraculix, die Comicfigur aus Asterix und Obelix. Ein Mensch, der ganz anders war als wir, einer, der den Wald als Lebensraum bevorzugte und sich auf die elementaren

Dinge des Lebens konzentrierte, ein moderner Jesus, der sich auf die Rettung der Menschen spezialisiert hatte.

Die erfolgreiche Hagener Rockband Grobschnitt war in den 1970er Jahren noch weitgehend unbekannt, aber die Energie, die von ihnen ausging, war gewaltig. In Harsewinkel lieferten sie auf einem Rockfestival Mitte der 1970er Jahre spät in der Nacht bis zur Morgendämmerung eine super Show ab. Ihre theatralisch vorgetragenen Songs und die aufwendige Bühnenshow machten sie später deutschlandweit populär. Ich kann mich noch an die erste Strophe des Stückes erinnern, mit der sie ihr Konzert in Harsewinkel begannen:

> „Take your car,
> drive to Africa
> to the Sahara,
> to find the bones of Alibabahaha."

Grobschnitt war cool und kam beim Publikum richtig gut an. Manche ihrer Darbietungen dauerten über eine halbe Stunde, und es war faszinierend für einen jungen Menschen so wie mich damals, so einer starken Band in einer lauschigen Sommernacht zuzuhören. Grobschnitt spielte bis 5 Uhr morgens, und selbst in meinem Zelt liegend hatte ich noch einen guten Blick auf die Bühne.

Macher Insider kennt noch die Harsewinkler Formation Korkenzieher, eine Garagenband, bestehend aus Gitarre, Gesang, Bass und Schlagzeug. Ihre Spezialität waren provokante, teilweise auch satirische deutsche Texte, die sie mit progressiver Rockmusik untermalten. Da ich selbst Teil dieser Gruppe war, kann ich mich noch daran erinnern, dass auch wir die Chance hatten, unsere Musik vorzustellen. An einem sonnigen Samstagnachmittag gaben wir unser Bestes und kamen beim Publikum auch gut an. Es ging recht lustig zu, weil kurz vor unserem Auftritt noch andere „Musiker" mit uns auf die Bühne wollten. So stand zum Beispiel plötzlich jemand mit einer Gitarre vor uns, die er aus einen Waschmittelkarton selbst zusammengezimmert hatte – eine technische Herausforderung, wie ich meine. Und während unseres Auftritts schlich sich ein druidenähnliches Wesen hinter unseren Schlagzeuger und nervte ihn, weil er ständig mit einem Stöckchen auf seine Bassdrum schlug und ihn dabei angrinste.

Warum wir überhaupt die Bühne betreten durften? Keine Ahnung. Irgendwie hatten wir als Band aus Harsewinkel wohl einen Sonderstatus und mussten uns deshalb nicht sonderlich um einen Auftritt bemühen. Als Gage erhielten wir 25 Deutsche Mark – wohlgemerkt nicht jeder von uns, sondern alle zusammen.

„Speiteufel" nannte sich eine lokale Kabarett-gruppe, die sich stark an Dieter Hildebrandts *Schei-benwischer* orientierte. Sie bestand fast ausschließlich aus Studenten, die es sich zur Aufgabe gemacht hatten, soziale Missstände aufzuzeigen. Eine Gruppe mit viel Potenzial – leider aber mit kurzer Laufzeit. Ähnlich wie unsere Band war auch ihre Lebensdauer begrenzt und nach einigen Auftritten verschwand auch dieser wichtige Teil der Stadt Harsewinkel in die Bedeutungslosigkeit.

Manchmal frage ich mich, wie es all den Harse-winklern, die sich damals in solchen Projekten engagiert und verwirklicht hatten, wohl heute geht. Ob sie sich gelegentlich noch an die alten Zeiten erinnern? Bei mir gibt es Tage, an denen ich wehmütig an diese Zeiten zurückdenke. Dann wünsche ich mir dieses alte Leben zurück, so wie es war, ohne Wenn und Aber. Dann gibt es aber auch Tage, wo ich zufrieden an diese Zeit zurückdenke und dankbar dafür bin, dass ich ein Teil dieser Entwicklung sein durfte.

Natürlich: Nicht alles, was man bewerkstelligt hat, ist zufriedenstellend gewesen. Aber darum geht es ja auch gar nicht. Mir ging es ums Tun an sich, darum, Ausdrucksmöglichkeiten zu finden, die von den Menschen verstanden werden, anstatt zu Hause vor dem Fernseher zu sitzen und sich den Zustand der Welt von anderen erklären zu lassen.

Wissbegierig sog ich die Welt in mich auf und versuchte, diese mit mir im Einklang zu bringen – was nicht immer gelang. Die Herausforderungen, die sich stellten, also die Frage nach dem „Wohin" und dem „Wie dort hinkommen", wichen gelegentlich der nüchternen Erkenntnis, dass nicht alles im Leben möglich ist. Persönliche Weichenstellungen hängen oft von Chancen und Wahlmöglichkeiten ab, um es soziologisch korrekt auszudrücken. Wer die richtigen Netzwerke hat, hat es aus meiner Sicht einfacher, sowohl beruflich als auch privat. Aber es ist gut, dass es künstlerische Ausdrucksformen gibt, welche diese gesellschaftlichen Unterschiede aufzeigen.

11. „Wolle, Wolle, Hacke, Hacke" – Tanzkurs bei „Poppi"

Ende der 1970er Jahre erschien der Disco-Song *Stayin' Alive* von den Bee Gees. Er war der Soundtrack zum Film *Saturday Night Fever* mit John Travolta in der Hauptrolle. Nicht dass ich besonders auf die Bee Gees stand, aber irgendwie konnten wir Jungs und Mädchen uns dieser Disco-Bewegung nicht entziehen. Also fuhren wir ins benachbarte Gütersloh und sahen uns den Film im (mittlerweile geschlossenen) Capitol-Kino in der Kökerstraße an.

Travolta ist Tony Manero, der wochentags in einem Geschäft in Brooklyn arbeitet, ein ziemlich öder Job. Aber samstagsnachts verwandelt sich Tony in den unangefochtenen König der Tanzfläche. Perfekt ausstaffiert mit Schlaghosen, Plateauschuhen und hautengem Hemd, macht er sich auf den Weg zu dem Ort, an dem er nicht einer von vielen, sondern fast schon ein Gott ist. Alle Frauen stehen auf Tony – hey, wir wollten auch so sein wie er!

Saturday Night Fever erreichte auch Harsewinkel. Das Hotel Poppenborg hatte einen großen Veranstaltungssaal, wo am Wochenende meist irgendetwas los war: Volkstheater, Hochzeiten, Musikveranstaltungen und eben auch Tanzkurse. Diese wurden von der Musikschule Stüwe-Weissenberg aus Gütersloh organisiert. Und einen von ihnen hatte ich auch besucht – und nicht nur ich, sondern fast die ganze Harsewinkler Jugend. Am ersten Tag waren es sicher 200 Leute, die sich einfanden, wenn nicht sogar mehr, ein Gewusel und Gemache ohne Ende. Das war für uns die Gelegenheit, Mädchen kennenzulernen und ihnen etwas näherzukommen (so sie das auch wollten).

Es war üblich, dass ein Junge ein Mädchen zum Tanz aufforderte. Gab es einen Mädchenüberschuss, musste ein Mädchen mit einem anderen Mädchen tanzen. Und das war oft der Fall, kaum zu glauben, oder? Man ging also zum Mädchen seiner Wahl und forderte es mit einer kleinen, dezenten Verbeugung zum Tanz auf. Einen Korb (so nannte man zu meiner Zeit eine Abfuhr) bekam ich selten. Das war auch nicht üblich, denn es ging ja darum, mit einem Mädchen zu tanzen und sich näher kennenzulernen.

Es machte uns Jugendlichen Freude, Tango, Foxtrott, Walzer oder Cha-Cha-Cha zu tanzen. Manche Tänze wie der Walzer sind mit elegantem Anfassen; da wurde uns Jungs genau erklärt, wohin die Hand hingehört und wohin nicht. Aber moderner Disco-Sound im Stil der Bee Gees war etwas völlig anderes. Da standen wir allein auf der Tanzfläche und gaben unseren Gefühlen freien Lauf:

Links zwo, drei nach rechts, drehn zwo drei, links
zwo – jetzt kommt der Kick:

> „Wolle, Wolle – Hacke Hacke
> Ah, ha, ha, ha, stayin' alive, stayin' alive,
> Ah, ha, ha, ha, stayin' alive, stayin' alive
> Ah, ha, ha, ha, stayin' alive, stayin' alive,
> staying aliiiiiiiiveeeeeeeee, hmmm …
> Und noch mal von vorn"

Das war eine schöne Zeit, noch ohne die großen
und kleinen Beziehungsdramen, die sich erst später abspielten. Es war eher eine Zeit der vorsichti-
gen Annäherung an das andere Geschlecht und das
Lernen von Höflichkeitsregeln. Zum Beispiel
wurde ein Mädchen von uns nicht angebaggert,
sondern höflich zum Tanz aufgefordert und anschließend wieder zu ihrem Platz zurückgebracht,
wo man sich dann bei ihr für den Tanz bedankte
und sich höflich verabschiedete.

Höhepunkt des Tanzkurses war der Abschluss-
ball. Dann erschien die ostwestfälische Ausgabe
von Tony Manero, kaum wiederzuerkennen, frisch
gestriegelt im Anzug und weißem Hemd. Als Ausdruck seiner Wertschätzung brachte er seiner Hol-
den eine Rose mit. Diese, wunderschön anzusehen
in ihrem schicken Kleid, nahm die Rose an sich, bedankte sich höflich und dann ging es zum Abro-
cken auf die Tanzfläche.

12. Kirche und Glaube

Sonntags war es bei uns üblich, vor dem Mittagessen zu beten: „Lieber Gott, sei unser Gast und segne, was du uns bescheret hast." Karfreitag wurde gefastet; statt Wurst und Fleisch gab es Käse und Fisch. Dass dieser Tag eigentlich ein wichtiger evangelischer Feiertag ist, wussten wir damals noch nicht. Irgendwie war das Leben doch eher katholisch ausgerichtet, was immer das bedeuten mag. Der Unterschied zwischen evangelisch und katholisch war uns nicht großartig bekannt, außer dass die Protestanten etwas lockerer mit ihren Ritualen umgingen. In der katholischen Messe gabs immer Orgelmusik und einen Chor; bei den Lutheranern war das etwas anders.

Eines Tages erschütterte eine Zeitungsnachricht die ostwestfälische Provinz: Mit Gitarre, Flöte und Gesang wurde in Harsewinkel ein evangelischer Gottesdienst begleitet – ein kirchlicher Skandal! In einer katholischen Messe wäre so etwas undenkbar gewesen.

Als ich ein kleiner Junge war, waren Kirche und Schule noch eng miteinander verbunden. Gelegentlich fand der Religionsunterricht sogar in der Kirche statt; die Vermittlung eines für alle Zeiten anzuwendenden Glaubens hatte höchste Priorität.

Erziehung bedeutete in erster Linie religiöse Erziehung. Alles Tun und Handeln war moralisch besetzt, wenn es hieß: „Du sollst nicht stehlen. Du sollst nicht begehren deines Nächsten Weib. Du sollst nicht töten" usw. Aber auch kleine Sünden wie unartig sein oder im Unterricht nicht aufpassen waren sanktionswürdige Vergehen. Wer ein Problem mit kirchlichen Dogmen hatte, dem war ein Platz in der Hölle gewiss.

Und dann war da dieses permanent schlechte Gewissen, das dich plagt, wenn du gegen kirchliche Dogmen verstoßen hattest. Das Ansehen von Frauen und die damit verbundenen männlichen Fantasien waren religiös-moralisch besetzt. Eine Frau zu begehren, möglicherweise etwas „Unanständiges" mit ihr zu machen oder auch nur daran zu denken, das war schwerste Sünde. Aber die Sünde hat auch ihren Reiz; das Verbotene ist oft spannender als alles andere. Als Kinder dachten wir nie großartig darüber nach, warum katholische Priester nicht verheiratet waren. Für uns war es selbstverständlich, dass unser Pastor nur im Auftrag des Herrn unterwegs war und deswegen keine Zeit für eine Frau hatte. Dass viele von ihnen unter den Dogmen der Kirche litten und auch heute noch leiden, wurde erst viel später bekannt.

Unsere Kirche hieß Pauluskirche, und so heißt sie auch heute noch. Die daran angrenzende

Hauptschule hieß Paulusschule und wurde erst in den letzten Jahren in die Astrid-Lindgren-Schule umbenannt. Die Säkularisierung machte auch in Harsewinkel Station und beendete die Einheit von Kirche und Staat in wesentlichen Bereichen. Die Pauluskirche wurde Mitte der 1960er Jahre fertiggestellt, ein gewaltiger Ziegelbau mit angrenzendem Pfarrzentrum und einem dazugehörigen Wohnhaus.

Herr über dieses kirchliche Imperium war Kaplan Karl-Gerd Haggeney, der nach Harsewinkel abberufen wurde. Meist sah man ihn, standesgemäß gekleidet, im schwarzen Anzug und weißem Hemd. Wenn man ihm begegnete, dann spürte man gleich: Das ist ein Mann der Kirche und des Glaubens.

Ich kann mich erinnern, dass er einmal bei uns im Wohnzimmer saß und mit meinen Eltern über Gott, Kirche, Glaube und natürlich über den Religionsunterricht und den Kirchenbesuch von uns Kindern sprach. Für meine Eltern war das ein Segen, denn die Kirche hatte damals noch eine erzieherische Funktion. Und Kinder, die am Sonntagvormittag in der Kirche salbungsvoll den Heiligen Geist empfingen, entlasteten ihre Eltern, weil sie ein bis zwei Stunden nicht zu Hause waren. Die katholische Kirche gab sich zu dieser Zeit viel Mühe, ein sozialer Dienstleister mit breiter Produktpalette zu sein. Viele Kinder bedeuteten auch viele Schäfchen, die es zu missionieren galt.

Kaplan Haggeney fuhr einen weißen Opel Kadett, der meist hinterm Pfarrhaus stand. Unterstützt wurde er von Frau Oskamp, der Perle der Pfarrgemeinde, die sich um alles kümmerte. Sie versorgte nicht nur den Pfarrer im Haushalt, sondern übernahm gelegentlich auch pädagogische Aufgaben, gab zum Beispiel Religionsunterricht oder organisierte Jugendfreizeiten. Legendär waren ihre Auftritte in der Grundschule, wo sie bildhaft erzählte, wie Feuer und Blitze Christi Himmelfahrt einleiteten und Jesus anschließend gen Himmel fuhr.

Wenn die Schule gegen Mittag zu Ende war und wir uns auf dem Heimweg vorbei an der Pauluskirche machten, hörten wir gern noch eine Weile dem Orgelspiel des Küsters zu. Die sakrale Musik bekam durch ihn eine besondere Note. Es war großartig, wie er den Sound der riesigen Orgel in Szene setzte. Mir kam es vor, als spielte er sich in Ekstase; er hatte seinen Gott gefunden und musste ihm auf seine Weise etwas Wichtiges mitteilen. Nur noch beim sonntäglichen Gottesdienst übertraf er sich selbst, denn dann war auch der riesige Kirchenchor zugegen: Männer, Frauen, Jugendliche, sicher 30 bis 40 Sängerinnen und Sänger. Zusammen bildeten sie eine Symbiose religiöser Wahrhaftigkeit und übertrugen ihre gesamte spirituelle Energie auf die Gottesdienstbesucher. An solchen Tagen war Gott gegenwärtig. Halleluja!

Die Pauluskirche bietet Platz für rund 300 Personen, doch manchmal reichte auch der nicht aus, zum Beispiel zu Weihnachten oder Ostern. Da waren selbst die hinteren Stehplätze bis auf den letzten Platz gefüllt. Hinzu kamen noch die Messdiener, die Kerzenträger, der gewaltige Kirchenchor und der Priester samt Gefolge.

Meist begann die Messe mit einem gemeinsamen Lied. Auf einer digitalen Tafel erschien die Nummer des Liedes aus dem Gesangbuch sowie die dazugehörige Strophe, die alle mitsingen sollten. Daraufhin begann der Organist mit sakralen Dur-Variationen das Vorspiel – was für ein Schauspiel!

Das Wunder geschah bei der Hostienverteilung, denn diese erwies sich aufgrund der Vielzahl der Gottesdienstbesucher als logistische Herausforderung. Es waren einfach zu viele Menschen vor Ort und alle wollten sie ihre Kommunion empfangen. Die wundersame Hostienvermehrung fand im Tabernakel statt, in einer Art Schrein, der unweit vom Altar stand. Als ich der Meinung war, dass alle Hostien schon aufgebraucht waren, öffnete ein Messdiener das Tabernakel und entnahm ihm eine prall gefüllte Schale mit Hostien. Wer sich das hat einfallen lassen, hatte sicher eine gute Fantasie. Oder war Gott womöglich während des Gottesdienstes in Harsewinkel zugegen?

Sonntags war es üblich, dass alle den Gottesdienst besuchten, egal ob man mit Kirche und Glauben was am Hut hatte oder nicht. Das wurde nicht so eng gesehen, denn was nicht ist, kann ja noch werden. Kritik an der Institution Kirche wurde nur hinter vorgehaltener Hand geübt; die Angst vor Hölle und Fegefeuer war damals noch sehr präsent.

Wenn es überhaupt Diskussionen gab, dann betrafen diese die Themen Sexualität und Empfängnisverhütung. Fast niemand hielt sich an das Pillenverbot des Papstes; es galt als rückständig und weltfremd. Für mich stellte sich die Frage, wieso eine so lustfeindliche und prüde Kirche sich anmaßt, über Formen von Sexualität zu urteilen, die sie selbst überhaupt nicht praktizieren darf. Und Selbstbefriedigung war ein Thema, was die Kirche bzw. deren Repräsentanten völlig unter den Teppich kehrten. Wir Kinder sollten mit diesen „Schweinkram" nicht innerlich verunreinigt werden. Stattdessen mussten wir uns unglaubliche Geschichten über Jesus und sein Wirken anhören, zum Beispiel wie er Wasser in Wein verwandelte, mit einem hölzernen Wagen gen Himmel fuhr oder sogar Tote wieder zum Leben erweckte.

Insgesamt war das Leben in den 1960er und 1970er Jahren noch sehr von Religion, Glaube und Kirche durchdrungen. Die katholischen Feiertage waren uns in ihrer Bedeutung bekannt; in der Schule wurden sie im Religionsunterricht – und nicht nur dort – eindrucksvoll vermittelt. Namenstage waren eigentlich wichtiger als die Geburtstage; die biblische Bedeutung des eigenen Namens kannte fast jedes Kind.

Wenn du als Kind dem Pfarrer dein ganzes Sündenregister offenbart hattest, dann nannte das die Kirche Beichte. Und wenn wir mal irgendwas Banales in der Beichte vergessen hatten, dann war diese ungültig und es drohten Fegefeuer und ewige Verdammnis. Davor hatten wir große Angst.

Die Kirche erfüllte auch eine soziale Funktion, weil sie Teil des gesellschaftlichen Erziehungssystems war: Sie gab vor, was Menschen zu tun und zu lassen hatten. Besonders der Nachwuchs war ihr ein wichtiges Anliegen, und so bemühte man sich, dass der sonntägliche Gottesdienst stets voll mit Kindern war. Meine Eltern gingen nie mit, mal ganz abgesehen davon, dass mein Vater evangelisch und meine Mutter katholisch war und deshalb nie den Segen der katholischen Kirche erhielten, was ihnen vermutlich ziemlich wurscht war.

Der sonntägliche Kirchgang ihrer Kinder bot ihnen die einmalige Gelegenheit, einmal zwei Stunden für sich zu haben und die Stille in der Wohnung ohne Kindergeschrei zu genießen.

Die religiöse Erziehung sollte etwas für uns Kinder sein; sie galt wohl vielen Eltern als Ergänzung und moralische Bereicherung ihrer Erziehungsmethoden. Die Erwachsenen glaubten nicht an Wunder und Auferstehung, daran, dass es etwas auf der Welt gibt, was Gutes bewirkt und die Menschen ins Paradies führen wird. Sie waren dankbar, dass der Krieg, den sie als Kinder erlebt hatten, endlich vorbei war und sie in bescheidenem Wohlstand leben konnten. Sie hatten eigene Vorstellungen vom Paradies: ein gemütliches Wohnzimmer mit Farbfernseher, ein fetter Sonntagsbraten mit nachmittäglicher Kaffee- und Tortenorgie oder zwei Wochen Malle mit Halbpension.

Die Kommunion war ein Ereignis, wo Kirche und Familien noch irgendwie zusammenfanden. Vormittags ging es zum Gottesdienst, während zu Hause die ganze Verwandtschaft von nah und fern anrückte: Opas und Omas, Onkels und Tanten, Cousins und Cousinen und sonstige mir nicht näher bekannte Verwandten meiner Eltern. Im Wohnzimmer wurde dann eine riesige Tafel aufgebaut – endlich mal Zeit für Muttern, der ganzen Familie ihr edles Kaffeeservice und das teure Silberbesteck zu präsentieren.

Feiern hatten damals noch einen gewissen Stil. Das spiegelte sich auch in der Kleidung wider. Die Kleidervorschriften galten leider auch für uns Kinder. Furchtbar, wie so ein Kommunionsanzug ziepte und kratzte, dazu diese furchtbare Fliege um den Hals. Die Männer trugen dunklen Anzug und weißes Hemd. Gelegentlich sah ich auch ein weißes und sorgsam gefaltetes Taschentuch aus der linken Anzugtasche ragen; das war wirklich noch old school. Die Frauen trugen festliche Kleider, Stöckelschuhe und riesige Perlenketten. In ihren Handtaschen verstauten sie ihre Überlebensutensilien: Kölnisch Wasser, Taschentücher, Lidschatten und Lippenstift.

Man aß und trank, und später – als Höhepunkt des Tages – wurden dem Kommunionskind Briefumschläge mit Bargeld überreicht. Am Abend, als die meisten Verwandten wieder fort waren, saß ich vor den vielen Briefumschlägen und begutachtete sie von allen Seiten. Welch wertvoller Schatz sich wohl darin befand?

Mein Freund Peter, ich erwähnte ihn bereits, wohnte gleich um die Ecke. Heute weiß ich nicht, ob er überhaupt ein Bekenntnis hatte. Kommunion wurde bei ihm nicht gefeiert, denn an diesem Tag stand er nachmittags plötzlich bei uns im Garten. Er wirkte irgendwie traurig und niedergeschlagen. Also wurde er von meiner Familie einfach eingeladen und verbrachte den Nachmittag inmitten einer Schar von Kindern.

13. Politik und politische Einstellungen

In meiner Kindheit gab es zwei große Volksparteien: SPD und CDU/CSU. Willy Brandt war von 1969 bis 1974 Bundeskanzler und wurde später von seinem SPD-Parteigenossen Helmut Schmidt abgelöst.

Bei uns zu Hause wurde SPD gewählt; die stand damals noch unhinterfragt hinter der arbeitenden Klasse und vertrat ihre Interessen. Die SPD war eine typische Arbeiterpartei und bot dem „kleinen Mann", dem Malocher und Genossen, eine politische Heimat. Die Gewerkschaften, allen voran die IG Metall, bildeten sowohl die Basis als auch das Sprachrohr für die Interessen von Millionen Mitgliedern.

Ein Arbeiter zu sein war nicht unbedingt ein Privileg, aber viele Arbeiter zusammen, da entstand schon so etwas wie ein Klassenbewusstsein. Kampfparolen wie „Ein Streichholz kann brechen, zwanzig nicht!" oder „Mann der Arbeit, aufgewacht! Und erkenne deine Macht! Alle Räder stehen still, wenn dein starker Arm es will", machten Mut und erzeugten eine kritische Masse – auch und gerade in Harsewinkel, denn die Firma Claas beschäftigte viele Menschen, die Mitglied der IG Metall waren.

Ich empfand das Leben zu dieser Zeit als wesentlich politischer als heute. Die sozialen Unterschiede und Gegensätze hatten deutliche Konturen und waren leicht erkennbar. Man wohnte im Eigenheim oder zur Miete, fuhr Mercedes oder Volkswagen, trank Wein oder Bier und wählte Schwarz oder Rot. Wer nicht auf Willy Brandt stand, der wählte Helmut Kohl, den späteren Bundeskanzler.

Ein entfernter Onkel von mir war ein Anhänger von Rainer Barzel, der ab 1964 die CDU/CSU-Bundestagsfraktion leitete. Warum sich mein Onkel mit den Genossen so schwertat, bleibt ein Geheimnis. Sicher ist, dass er eigentlich auch zu ihnen gehörte, sich aber innerlich dagegen wehrte. Er hatte ein generelles Problem mit kritischen Geistern und Gewerkschaften und polarisierte ständig gegen sie. Mit Ausländern konnte er überhaupt nicht; seine größte Sorge war, dass irgendwann einmal „der Neger kommt" und in seiner Straße Drogen verkauft. Diese Schreckensvorstellung hielt seinen Geist wach, und so beobachtete er ständig das Geschehen um ihn herum.

Wie es sich für einen ordentlichen und anständigen Deutschen gehörte, wurde seine weltanschauliche Gesinnung jeden Sonntagnachmittag bei Kaffee, Zigaretten, Cognac und Wein zelebriert. Die urdeutsche Gemütlichkeit war ihm und seiner

Frau heilig und der diskrete Suff hatte damals noch Hochkonjunktur. Wenn ich meinen Onkel reden hörte, war sofort klar, welch Geistes Kind er war. Zucht und Ordnung war seine Devise, egal warum und wieso. Woher seine Dogmen und wie aus der Pistole geschossenen Leitsätze kamen, war unschwer zu erraten. Den „Führer" erwähnte er nie, aber dass er von ihm weltanschaulich beeinflusst war, war unüberhörbar. Ich war dankbar, dass ich in seiner Gegenwart kein Türke, Iraner, Russe, Afghane oder Afrikaner war. Allen unterstellte er kriminelle Energie und an jeder Straßenecke vermutete er subversive Elemente, die auf der Lauer lagen und seine Brieftasche stehlen wollten.

Manchmal hatte ich den Eindruck, dass er an bestimmten Nationalitäten seine eigene Entfremdungsproblematik abarbeitete. Dabei hatte auch er seine Heimat verloren: Er kam aus Stettin, was einmal deutsches Staatsgebiet war; nun existierte seine Heimat in einer anderen Form und erzeugte in ihm offenbar seine Abwehrhaltung gegenüber Menschen, die er nicht einmal ansatzweise kannte. Für meinen Onkel galt es, Grenzen zu schaffen und sie aufrechtzuerhalten, anstatt sie zu überschreiten. Mit seiner Meinung stand er nicht allein da; es gab noch genug andere Menschen seines Formats.

Die Frauen verhielten sich eher passiv. Ich denke, sie waren sicher nicht mit dieser Deutschtümelei einverstanden und dachten sich nur ihren Teil. Sie waren es, die nach Kriegsende auf ihre Männer warteten, ohne zu wissen, ob sie überhaupt jemals heimkehren. Sie kannten die Nöte ihrer Männer, die später ausgehungert und desillusioniert nach Hause kamen.

Diese Generation wusste, dass die Grauen des Krieges durch nichts zu rechtfertigen waren. Die Frage nach dem „Warum" blieb unbeantwortet. Sie zogen es lieber vor, zu schweigen und Gras über die Sache wachsen zu lassen. Doch das schlechte Gewissen lässt sich nicht zähmen, es kommt, wann es will. Ein verlorener Krieg, ein zerstörtes Deutschland, kollektiver Massenmord – und jeder tat so, als hätte er nichts damit zu tun gehabt.

Es war eine Generation des Schweigens. Sie wollten nicht sprechen, schon gar nicht mit ihren eigenen Kindern. Das, was sie gesehen hatten, schlossen sie tief in ihren Herzen ein und gaben nur selten jemandem den Schlüssel dafür. Ihre Wut, Trauer und Ohnmacht konnten sie nur durch das Ausblenden ihrer Erlebnisse kompensieren. Und zugleich fühlten sie sich nicht nur als Täter, sondern auch als Opfer, weil ihnen befohlen wurde, Verbrechen zu begehen. Und sie mussten Entbehrungen auf sich nehmen, hatten „nüscht zu fressen auf Deutsch jesagt", wie mein Onkel stets zu sagen pflegte.

Wie gesagt, es wurde geschwiegen und verdrängt, oder aber sie redeten alles schön und legten sich die Vergangenheit so zurecht, dass sie halbwegs erträglich war. Aber wie manche es auch drehten und wendeten, wie sehr sie sich Mühe gaben, alles in einem anderen Licht erscheinen zu lassen – letztendlich wusste doch jeder, dass all diese Bemühungen nichts anderes waren als der Versuch, mit dieser komplizierten Situation irgendwie fertig zu werden.

14. Wirtschaftsleben in Harsewinkel

Nur mal ein paar Worte zum Thema Arbeit und arbeiten. Für alle Menschen gilt, was fast überall auf der Welt gilt: Nur wer arbeitet und etwas schafft, ist ein integrativer Bestandteil der Gesellschaft. Der Rest – also diejenigen, die von solchen Sprüchen wenig halten oder sie hinterfragen – wird gern in eine Schublade gesteckt. Es ist immer gut zu wissen, auf wen die Leute zeigen, nicht wahr? Wer dem propagierten Lebensrhythmus nicht folgen kann oder will, wird mit lebenslanger Ausgrenzung bestraft.

Fragt doch mal eure Freunde, wie sie es mit der Arbeit halten, ob sie sich dort wohlfühlen, ob es noch schön ist, in solch einer eigenartigen Wirklichkeit zu arbeiten. Arbeit dient nur einem Zweck: Geld zu mehren und es irgendwo zu deponieren, damit es noch mehr wird. In meiner Jugend hörte ich oft den Spruch: „Wer Arbeit sucht, der findet auch welche" – der Überlebensspruch einer Generation, in der die Qualität der Arbeit nicht unbedingt das Wichtigste war.

Um die Sinnhaftigkeit des oft sinnlosen Tuns moralisch zu untermauern, erfand die katholische Kirche den Leitspruch „Ora et labora", was so viel wie „Bete und arbeite" bedeutet. Dieser Leitsatz für willige Schäfchen ergänzt sich gut mit preußischen

Tugenden wie Ordnung, Pünktlichkeit, Pflicht und Disziplin. So gibt man der Arbeit einen Sinn und braucht sie nicht zu hinterfragen. Leider geht es aber nicht ohne Arbeit, genauer gesagt, ohne Geld geht es leider auch nicht.

Der Grund, warum wir Ende der 1960er Jahre nach Harsewinkel zogen, war die Arbeit meines Vaters. Er hatte hier eine neue Anstellung bei einem großen Landmaschinenproduzenten gefunden. Wer wie gesagt mit dem Auto von Gütersloh aus kommend die Bundesstraße 513 Richtung Harsewinkel fährt, erfährt schon kurz vorm neu gebauten Kreisverkehr, welche Bedeutung Harsewinkel für die Region und die Identität ihrer Einwohner hat. Mitten auf dem Kreisverkehr prangt das Ortsschild von Harsewinkel mit der Untertitelung „die Mähdrescherstadt". Eigentlich hätten die Verantwortlichen gleich einen Mähdrescher dort hinstellen können. Doch der wurde vorm Verwaltungsgebäude der Firma aufgestellt.

Wie dem auch sei, den durch Harsewinkel fahrenden Menschen wird die spirituelle Botschaft vermittelt: Claas ist Religion – Claas ist Gott – wer hier arbeitet, der lebt „First Claas". Doch wer die Vorzüge von „First Claas" nutzen will, muss erst mal „Second Claas" ordentlich Moos verdienen.

Wie die Leute auch immer über so ein mittelständisches Unternehmen mit Weltruf denken, es hat vielen Bewohnern der Region seit Jahrzehnten ein ausreichendes Einkommen und einen dementsprechenden Lebensstandard ermöglicht. War schon der Opa im Werk beschäftigt, folgten ihm sein Sohn und wiederum dessen Sohn. Mein Vater war seit Mitte der 1960er Jahre im Werk beschäftigt und blieb dort fast 40 Jahre. Wer so lange Teil dieses Unternehmens ist, baut im Laufe der Jahre eine feste Beziehung zu ihm auf: Das Unternehmen ist Familie, Identitätsstifter und Lebensphilosophie zugleich. Man weiß, wo man hingehört, wenn man es auch sonst nicht weiß – ist das der sogenannte Wert der Arbeit?

Bevor sich die Firma Claas in Harsewinkel niederließ, waren die Stadt und die umliegenden Gemeinden fest in der Hand von Bauern, Handwerkern und Gewerbetreibenden. Und das ist teilweise auch heute noch so: Wer wachen Auges einmal die Industriezonen der Gegend inspiziert, wird feststellen, dass es nach wie vor viel kleine Handwerksbetriebe gibt. Und ein Spaziergang durch die Bauernschaften zeigt, wie stark die Gegend noch durch die Landwirtschaft geprägt wird. Die Erfindung des Kunstdüngers blieb auch in Ostwestfalen nicht unbemerkt, und so konnten höhere landwirtschaftliche Erträge die wirtschaftliche Lage der Landwirte deutlich verbessern.

Ab 1900, so die Chronik der Stadt Harsewinkel, entwickelte sich die extensive Landwirtschaft mehr in Richtung Viehhaltung, hauptsächlich Rinder und Schweine. Zu Beginn der Weimarer Republik, also um 1918, gab es laut Stadtchronik sechs Bäcker, einen Buchbinder, einen Fotografen, zwei Friseure, drei Klempner, sechs Maler, acht Maurer, einen Putzmacher, einen Sattler, fünf Schlachter, vier Schmiede, zehn Schneider, einen Schornsteinfeger, fünf Schuhmacher, neun Tischler, einen Uhrmacher und einen Zigarrenmacher. Es gab es eine Apotheke, einen Buchhandel, einen Fahrradhandel, zwei Fuhrleute, acht Lebensmittelgeschäfte, fünf Manufakturwarengeschäfte, drei Viehhändler und sechs Gaststätten.

Im Jahr 1919 waren die Handwerker und Geschäftsleute für rund 950 Stadtbewohner zuständig. Ob es zu dieser Zeit bereits einen praktizierenden Arzt gab, lässt sich nicht eindeutig sagen. Möglicherweise gab es aber in den dörflichen Regionen Ostwestfalens eine Menge heilkundliches Wissen, das von Generation zu Generation weitergegeben wurde. Und dann gibt es ja auch noch den Spökenkieker vorm Rathaus, ein weiser Schäfer, der das Unheil vorhersehen konnte – ein Indiz für die Volksfrömmigkeit der Region. Möglicherweise hat man sich aber früher nicht so viele Gedanken über die Gesundheit gemacht wie heute, sondern dem lieben Gott gedankt, dass er wieder mal gnädig mit einem war. Der Glaube an eine höhere Macht, eine Macht, die alles denkt und lenkt, ein Wesen, das darüber bestimmt, wann meine Zeit abgelaufen ist – dieser Glaube scheint in Ostwestfalen noch weit verbreitet zu sein.

Das Harsewinkler Krankenhaus wurde 1899 mit einer Kapazität von 20 Betten gegründet. Nach Wikipedia war das Ehepaar Leinkenjost Stifter des Hauses, das auch als Alten- und Pflegeheim diente. 1910 wurde das Krankenhaus erstmals erweitert und fasste nun 50 Betten. Im Krankenhaus waren fünf Franziskanernonnen für die Pflege sowie Haushalt und Garten zuständig. Weitere Erweiterungen erfolgten 1930 und 1962. Heute ist das Krankenhaus dem Elisabeth-Krankenhaus in Gütersloh angegliedert und wird hauptsächlich für die Geriatrie genutzt.

Ende der 1960er Jahre gab es in Harsewinkel noch keinen Aldi, Lidl oder Penny-Markt. Am Rövekamp gab es drei kleine Nahversorger: den Edeka-Markt Fressmann in der Paulusstraße, den A & O Markt Dammann in der Körbekestraße und den mobilen Milchmann Dulias am Tecklenburger Weg.

Unser Einkaufladen war der Edeka-Markt; hier kaufte Muttern regelmäßig ein. Samstagsvormittags war meist der Großeinkauf angesagt. Für sechs Personen einkaufen, das war schon eine gewaltige Herausforderung. Nach dem Einkauf wurde der Kassenzettel noch einmal penibel auf Fehler überprüft.

Es gab es eine Menge Kinder in unserem Viertel; entsprechend kundenorientiert war der Edeka-Markt bestückt. Hier gab es alles, was Kinderherzen höherschlagen ließ: Ahoi-Brause, Mars, Snickers, Bounty, Milky Way, Maoam, Kaugummis, Fußballsticker von Franz Beckenbauer, Gerd Müller oder Sepp Meier und jede Menge Comics wie Micky Maus, Donald Duck, Asterix oder auch Superman.

Im Sommer stand immer eine Eismaschine vorm Eingang. Es gab Vanille- und Schokoladeneis oder auch beides zusammen, entweder im Hörnchen oder im Becher. Öffnungszeiten so wie heute (bis 22 Uhr, und das auch am Samstag) gab es zu meiner Kinder- und Jugendzeit nicht. Die üblichen Einkaufszeiten waren von 8:00 bis 12:30 Uhr und von 14:30 bis 18:30 Uhr. Samstagmittags war um 12 Uhr Schluss. Auch mittwochnachmittags hatten viele Geschäfte geschlossen.

Andrees in der August-Claas-Straße ist eine Institution, die schon seit über 100 Jahren die Einwohner Harsewinkels mit allerlei Waren versorgt. Generationen von Schulkindern kennen diesen Laden in der Innenstadt, wo es alles für die Schule gibt: Schulhefte, Füller, Bleistifte, Radiergummis, bunte Schultüten und Schulranzen. Seinen Ursprung hat Andrees im Verkauf von Kolonialwaren. Es gab dort alles, was es woanders nicht gab: Töpfe und Pfannen, Geschirr und Besteck, Geschenkartikel und Spielzeug für Kinder – ein Geschäft für alle Generationen. Seit einigen Jahren ist bei Andrees auch die Post untergebracht; im April 2020 wird sie in den Rewe-Markt an der Brockhäger Straße umziehen.

Mussenbrock war ein Fachgeschäft für den Modellbau, das ebenfalls in der August-Claas-Straße angesiedelt war. Hier gab es alles, was Männerherzen höherschlagen ließ: Panzer-, Flugzeug- oder Schiffsmodelle der Firmen Revell oder Faller, alles zum Zusammenbasteln. Überhaupt war die Militaria-Abteilung üppig ausgestattet; hier fand jeder was für seinen Geschmack. Gut gingen auch kleine Spielzeugpistolen mit Pulverplättchen oder Trommelrevolver mit ausgetüftelten Schussmagazinen, ebenso Flugdrachen in diversen Ausfertigungen und sonstige Bastelartikel für Freizeit und Schule. Mein Bruder war wohl der größte Kunde, denn er war ständig mit dem Zusammenbau und Bemalen von Modellflugzeugen beschäftigt.

Seit über 50 Jahren gibt es den Friseursalon Ludger, der schräg gegenüber von Andrees zu finden ist. Chef des Hauses war Friseurmeister Reinhard Ludger, der 2014 das Geschäft an seinen Sohn Meinolf übergab. An Familientagen war am meisten los, denn dann gabs ordentlich Rabatt. Der Chef erschien meist im weißen Kittel, eine stattliche Erscheinung, immer stets bemüht und freundlich – ein echtes Harsewinkler Unikat. Im Wartezimmer fanden Kunden Lektüre nach ihrem Geschmack: Klatschzeitungen, regionale Tageszeitungen oder auch schon mal ein Fachmagazin. In dieser Hinsicht war Chef Ludger recht fortschrittlich. Aber auch ohne Zeitung war es interessant. Denn irgendjemand saß immer im Frisiersessel und unterhielt sich angeregt mit dem Meister der Schere.

Ich kenne kein Kind, das gern zum Friseur gegangen ist – möglicherweise eine geschlechtsspezifische Erfahrung, weil Männer Friseurbesuche wohl anders bewerten als Frauen. Wer hat schon Lust, an einem Samstagvormittag stundenlang im Friseursessel bearbeitet zu werden? Richtig! Das machen eher die Frauen, Stichwort Dauerwelle. Möglicherweise war der Besuch beim Friseur am Samstagvormittag aber auch eine Art Frauentherapie, denn ein Friseur wusste viel über die Menschen in seinem Einzugsbereich, und ein Friseursalon galt als wichtige Informationszentrale. Das hat sich bis heute wohl nicht geändert.

Uns Kinder interessierten Klatsch und Tratsch aber nicht, wir hatten eher Angst um unsere langen Haare, die damals mehr als angesagt waren. Ein Haarschnitt vom Meister selbst konnte die Persönlichkeit innerhalb weniger Minuten völlig verändern: Lange Haare waren ein Ausdruck von Modernität, Aufbruch, Haltung und Identität – kurze Haare standen für genau das Gegenteil. Und da wurde nicht um Zentimeter gefeilscht, sondern um Millimeter.

Des Meisters oft gestellte Frage: „Die Ohren frei?" ließ uns das Blut in den Adern gefrieren: Denn nichts war schlimmer, als wie ein durchschnittlicher Harsewinkler auszusehen oder wie einer aus der Pomadenfraktion der älteren Generation. Der Angst vor geschorenen Köpfen und Mekki-Haarschnitten versuchten wir mit jugendlicher Lässigkeit zu begegnen: Wir bestanden darauf, dass uns der Meister nur ganz wenig von unserer üppigen Haarpracht entfernte, und entgegneten auf des Meisters Frage „Ohren frei?" mit der souveränen Antwort: „Nicht ganz."

Fast so alt wie Friseursalon Ludger in der Stadt ist das Friseurgeschäft Alke auf dem Rövekamp, genauer gesagt in der Paulusstraße, schräg gegenüber der Pauluskirche. Ein kleines, unscheinbares, in einem Wohnhaus integriertes Geschäft, umgeben von großen Wohnblocks, in denen zu meiner

Kindheits- und Jugendzeit viele kinderreiche Familien lebten. Ein Überangebot an Friseuren, wie wir es heute erleben, gab es noch nicht. Ein Friseur musste sich die Gunst seiner Kunden erst einmal erwerben, was jahrzehntelange Treue bedeuten konnte.

Heute verirren sich kaum noch Menschen in die Paulusstraße. Das öffentliche Leben ist einer zunehmenden Privatheit in den eigenen vier Wänden gewichen. Soziale Mobilität und Migrationsbewegungen schufen eine eigenartige Form der Anonymität: Wer weiß heute noch, welche Menschen in seiner unmittelbaren Nachbarschaft wohnen? Wenn ich mal in Harsewinkel bin, mache ich meist einen Spaziergang über den Rövekamp und erkunde, ob alles noch so ist wie früher oder ob sich der gesellschaftliche Wandel der letzten fünf Jahrzehnte auch in diesem Stadtteil widerspiegelt.

In den 1960er Jahren war das Leben schwarz oder bunt, je nachdem, welchen Fernseher man sein Eigen nennen durfte. Der Farbfernseher war ein Zeichen von Luxus und Wohlstand, selbst wenn er auf Pump gekauft wurde. Wir hatten einen schwarzweißen Flimmerkasten mit riesigen Wählscheiben, mit denen man das gewünschte Programm einstellen konnte: Es gab ARD, ZDF und den WDR mit regionalen Programmen. Philips, Telefunken und Nordmende waren bekannte deutsche Marken, die gern gekauft wurden. Wer so ein Teil besitzen wollte, ging zu P. A. Richter an der Münsterstraße und ließ sich dort beraten. Es war das einzige Radio- und Fernsehgeschäft weit und breit, und wer dieses Geschäft betrat, ging meist nicht ohne etwas Elektronisches wieder heraus: Plattenspieler, Kassettenrecorder, Musikboxen, Radios, Funkgeräte usw. In den Verkaufsräumen ging es meist ruhig und bedächtig zu: Einen Fernseher zu kaufen war schon etwas Besonderes und nahm teilweise sakrale Züge an, so, als ob man durch den Kauf eines Fernsehers seinem Seelenheil einen Schritt näherkam.

Große Discounter wie MediaMarkt oder Saturn gab es noch nicht. Dafür gabs bei P. A. Richter einen sehr guten Kundenservice: Lief die Glotze mal nicht, konnte man den Fernsehtechniker rufen, der innerhalb kürzester Zeit vor Ort war und das Fernsehgerät entweder sofort wieder zum Laufen brachte oder ein Ersatzgerät aufstellte und die kaputte Kiste erst mal mitnahm. Da wurde nichts eingeschickt oder als Totalschaden erklärt, nein, es gab noch so etwas wie eine Technikerehre: Leute, die es als Herausforderung betrachteten, etwas wieder in seinen ordnungsgemäßen Zustand zu versetzen.

Und was heißt überhaupt Reparatur? Ende der 1970er Jahre erwarb ich in besagtem Geschäft ein Tapedeck der Marke Pioneer, ich meine für ca. 250 Deutsche Mark. Es hatte zwei Mikrofoneingänge, einen Kopfhörerausgang und eine Aufnahmekontrolle, wo ausschlagende Nadeln die Einstellung der Aufnahme anzeigten, also ein ganz ordentliches Hi-Fi-Gerät mit allerlei Spielmöglichkeiten. Dieses Tapedeck läuft heute – über 40 Jahre später – immer noch. Ich musste nie etwas austauschen, und auch der originale Tonkopf verlangt außer regelmäßiger Reinigung keine besondere Aufmerksamkeit.

Das gilt auch für meinen Plattenspieler, den ich ebenfalls bei P. A. Richter in den 1970er Jahren erwarb. Das Modell ist ein Technics SL B3, der damals 300 Deutsche Mark kostete. Er hat einen Frequency Servo Automatic Generator, also ein Modul, das die Platte mehrmals oder endlos abspielt.

Übrigens gibt es P. A. Richter heute immer noch, allerdings unter den Namen EURONICS P. A. Richter. Nach wie vor sieht der Laden so aus wie zu seiner Gründung – ein vertrauter Anblick, wenn man die Münsterstraße entlanggeht.

Natürlich sind Unternehmen wie P. A. Richter mit der Zeit gegangen; mittlerweile gibt es dort alles zu kaufen, was technisch angesagt ist. Die Fernseher sind qualitativ besser, dünner und leichter geworden; Schallplatten wurden von CDs abgelöst; statt kleiner, analoger Zimmerantennen gibt es Satellitenschüsseln mit Digitalreceiver; jeder hat ein Handy und einen Homecomputer und das Internet schläft nie. Die technische Revolution setzte mit der Entwicklung des Handys ein. Mittlerweile können wir alle so kommunizieren, wie es James Kirk in *Raumschiff Enterprise* ab Mitte der 1960er Jahre tat.

Gegenüber von P. A. Richter hatte Schuhmachermeister Perdun sein Domizil. Meine Mutter ging oft mit uns Kindern dorthin, entweder um unsere Schuhe reparieren zu lassen oder um neue zu kaufen. In seinem kleinen Geschäft standen altertümliche Maschinen, die an Zeiten erinnerten, wo das Schuhmacherhandwerk noch eine echte Profession war und man sich ein paar maßgefertigte Schuhe anfertigen ließ. Es roch nach Leder und Schuhcreme; man spürte die Geschichte, die mit diesem Geschäft verbunden war. Dieses Kapitel Harsewinkler Handwerkszunft ist längst Vergangenheit. Vor vielen Jahren schloss auch der letzte Schuhmacher sein Geschäft.

Doch nicht nur ein schöner Farbfernseher oder ein paar neue Schuhe lassen unser Herz höherschlagen, auch die kleinen Freuden des Lebens sind nicht zu verachten. Bei Bäcker Windau gab es die leckersten Berliner überhaupt. Das Geschäft in der Clarholzer Straße lag auf unserem Schulweg, und so kehrten wir auf dem Heimweg dort regelmäßig ein. Ein altes Ziegelsteinhaus mit angebauter Bäckerei, das seit Generationen die Bevölkerung mit Brot und Kuchen versorgte. Die Seniorchefin des Hauses, stets lächelnd und freundlich, half gern noch mit, auch wenn das Wechselgeld dann meist nicht stimmte, was längere Klärungsgespräschen erforderlich machte. Vor vielen Jahren wurde das Geschäft geschlossen.

Überhaupt hat es die Bäckerzunft schwer, der Billigkonkurrenz Paroli zu bieten. Mittlerweile werden überall Brot, Brötchen und Kuchen verkauft. Aber die Harsewinkler können sehr solidarisch sein, indem sie bewusst beim Bäcker einkaufen.

Horst R. betrieb das interessanteste Geschäft in Harsewinkel: einen kleinen, unscheinbaren Schallplattenladen direkt am Kirchplatz, im Schatten der großen St.-Lucia-Kirche. Horst hatte einen guten Musikgeschmack, und sein Laden war immer gut gefüllt mit schönen Vinylplatten. Wer nicht auf den Schlager- und Hitparadensound der 1970er Jahre stand, der ging zu Horst. Seine Scheiben fanden reißenden Absatz: Genesis, Santana, Little River Band, Billy Joel, The Doors, van Halen, Frumpy, Atlantis mit Inga Rumpf, Bob Dylan, Pink Floyd, Fleetwood Mac, Bob Seger, Al Stewart, The Doobie

Brothers, Supertramp und Udo Lindenberg, um nur einige wenige zu benennen. Es war ein großartiger Laden mit toller Atmosphäre. Wir konnten uns die Schallplatten direkt im Laden anhören. Meistens nahmen wir sie dann im Anschluss daran mit und wenn nicht, suchten wir uns etwas anderes aus dem Sortiment aus – eigentlich wurden wir immer fündig. Doch eines Tages standen wir vor verschlossenen Türen. Einer der angesagtesten Läden der Stadt hörte von einem auf den anderen Tag auf zu existieren.

Wer etwas auf sich hielt, trug Jeanshosen – je abgetragener, desto besser. Das Tragen einer Jeans der Marken Levis oder Wrangler war eine Frage der Weltanschauung: Levis war stylischer und Wrangler etwas lässiger. Frauen trugen meist Levis-Jeans; irgendwie betonten diese die Figur besser als eine Wrangler-Jeans. Der durchschnittliche Jugendliche hatte sowieso beide Marken im Schrank liegen, zu jedem Anlass die richtige Hose. In Wrangler-Jeans ließ es sich gut körperlich arbeiten, da sie sehr bequem und widerstandsfähig waren. Levis war die etwas edlere Version und eignete sich hervorragend zum Ausgehen.

Ursprünglich dienten Jeanshosen als Arbeitskleidung für amerikanische Baumwollpflücker, so unverwüstlich, wie sie waren. Aber irgendwann entdeckten auch die Europäer die Vorzüge einer solchen Hose aus Baumwolle. Selbst heute noch, im Jahr 2020, werden Jeanshosen in großer Stückzahl hergestellt, auch wenn sich neben diesen klassischen Jeans neuere Marken hinzugesellen – eine Jeans ist einfach etwas Besonderes.

Das erkannte auch Schneidermeister Friese aus Harsewinkel, der eine Änderungsschneiderei in der Clarholzer Straße betrieb – ein kleines, unscheinbares Geschäft mit einem eher unauffälligen Schaufenster. Wer das Geschäft betrat, konnte dem Meister noch bei der Arbeit zusehen: Meist bügelte er mit einem altertümlich anmutenden Bügelleisen irgendwelche Falten gerade.

Irgendwann hieß das Geschäft „Frieses Jeansshop". Ohne großartige Werbung sprach es sich unter uns Jugendlichen herum, dass es dort jetzt auch moderne Jeans zu kaufen gab. Plötzlich liefen in Harsewinkel einige Jungs in schwarzweißen Streifenjeans herum – sehr gewagt, würde ich heute sagen, denn man fiel schon auf, wenn man so ein Teil trug. Wir wussten instinktiv, wo diese Hosen herkamen; meistens waren sie ausverkauft. Alternativ gab es weiße Latzhosen zu kaufen, eigentlich Arbeitskleidung für Maler und Tapezierer: eine Art Hosenanzug für Männer und Frauen mit einer eingearbeiteten Brusttasche. Da passten super ein Tabakbeutel und diverse andere Rauchutensilien rein. Übrigens konnte man die weißen

Latzhosen auch einfärben: schwarz, blau, gelb, grün oder lila. Kreativen Menschen waren hier keine Grenzen gesetzt.

Die Älteren unter euch können sich sicher noch an den winzigen Kiosk erinnern, der direkt gegenüber dem Gasthof Wilhalm in der Dr.-Pieke-Straße/Ecke Gütersloher Straße stand, eine kleine, unscheinbare Holzbude mitten in der Innenstadt. Dort verkaufte Jonas Zeitschriften, Comics und diverse andere Kioskartikel. Ein netter Kerl, der aussah, wie ein Hippie der 1970er Jahre eben aussah: mit langen Haaren, einem großen, langen Bart und stets freundlichen Lächeln. Jonas sammelte Comics und so entwickelte sich ein reger Handel zwischen uns und ihm. Jonas zahlte ordentliche Preise für ein gut erhaltenes Exemplar von Mickey Mouse oder Donald Duck. Er wusste, auf was Kunden mit Sonderwünschen so stehen.

Einmal zeigte er uns seine Schatzkiste. Was wir dort sahen, war der Beweis dafür, dass viele brave Ehemänner möglicherweise doch nicht so brav sind, wie es den Anschein hat. Aber mehr wird nicht verraten. Der Kiosk existiert schon lange nicht mehr. Aber das Fundament, auf dem er stand, ist heute immer noch zu sehen.

Gegenüber der Realschule steht ein erwähnenswertes Objekt: ein in die Jahre gekommener Imbiss, der aussieht wie ein Bretterverschlag. Wenn er sprechen könnte, hätte er sicher viel zu erzählen. Eigentlich müsste jeder Einwohner der Stadt ihn kennen, denn dieser giftgrüne Imbiss wird sicher schon seit über 50 Jahre betrieben. Allen gesellschaftlichen Veränderungen zum Trotz hat er wohl nach wie vor seine Stammkundschaft. Es lohnt sich, mal auf eine Currywurst vorbeizuschauen.

Damals gab es noch keine großartigen Betriebskantinen wie heute. In der Mittagspause gabs belegte Brote von Muttern oder Essen aus dem sogenannten Henkelmann, einem Behälter aus Blech: Darin konnten früher die Menschen ihr zu Hause zubereitetes Essen einpacken, an den Arbeitsplatz mitnehmen und dann ohne Umfüllen im Wasserbad aufwärmen. Da bot sich so ein Imbiss um die Ecke geradezu an, um sich in der Mittagspause was zum Essen zu holen.

Vor einiger Zeit bin ich dort mal wieder eingekehrt. Ratet mal, was ich bestellt habe – natürlich: eine Currywurst mit Pommes weiß. Dazu noch eine Flasche Coca-Cola, voll Retro, mit dem typischen kursiven Schriftzug der 1960er Jahre. Im Imbiss liegt sogar die aktuelle Tagesausgabe der Bild-Zeitung aus – meist ziemlich zerfleddert, aber immerhin was zum Lesen.

Das aus Korfu stammende Betreiberehepaar bereitet hier seit über 35 Jahren griechische und deutsche Spezialitäten zu. Der Sohnemann soll den

Fortbestand des Imbisses einmal sichern, und natürlich ist zu hoffen, dass die Harsewinkler auch in Zukunft ihren Teil dazu beitragen.

Noch ein kleiner Tipp am Rande: Wer wie ich gern nach Griechenland reist, kann sich hier viele gute Tipps abholen – oder sich einfach nur über seine letzten Reise nach Korfu unterhalten.

Imbiss Kauling am Tecklenburger Weg war eine historisch gewachsene Institution, die vor einigen Monaten still und heimlich aufhörte zu existieren. Fast 50 Jahre lang war dieser lokale Nahversorger eine Anlaufstelle für hungrige Harsewinkler, die Lust auf eine ordentliche Currywurst oder selbstgemachte Frikadellen hatten.

In meinem letzten Buch über meine Kindheit und Jugend in Harsewinkel konnte ich noch vor Ort recherchieren und stattete dem Imbiss einen Besuch ab. Die Chefin des Hauses kredenzte mir eine leckere Currywurst und wir unterhielten uns beiläufig über ihren Imbiss und was eine gute Currysauce ausmacht. Als ich ihr dann erzählte, dass ich den Imbiss schon seit meiner Kindheit kenne, war das Eis gebrochen. Übrigens war die Currywurst ausgezeichnet, und als ich die Chefin für die selbstgemachte Currysauce lobte, bedankte sie sich mit einem strahlenden Lächeln. Wir unterhielten uns über vergangene Zeiten, über die Grundschule oder die Straße, in der wir damals wohnten. Und während wir uns angeregt unterhielten und ich dabei genüsslich meine Currywurst aß, fragte sie mich so beiläufig: „Na, schmeckt's noch so wie früher?"– Volltreffer. Plötzlich fühlte ich mich wieder wie der kleine Pimpf von früher, der gleich um die Ecke wohnt und sein ganzes Taschengeld für Currywurst und Pommes ausgibt.

Nach und nach kamen noch andere hungrige Gäste, und als sie hörten, dass die Chefin und ich uns angeregt über frühere Zeiten unterhielten, steuerten auch sie Beiträge aus der Vergangenheit bei. Es war richtig nett und es kam mir so vor, als wenn sich alle gern an die früheren Zeiten erinnerten.

Natürlich gab und gibt es noch viel mehr Imbissbuden in Harsewinkel. Erwähnenswert ist noch der Heidegrill in der Ostheide, der heute „Dimis Grill" heißt, ein gehobener griechischer Imbiss mit ausreichend Sitzplätzen. Dimis schloss mittlerweile auch seine Pforten und betreibt jetzt einen Imbiss im benachbarten Marienfeld. Im Heidegrill gab es früher super Schaschliks, Fleischspieße aus Schweinefleisch, die mit einer feurig-scharfen Sauce serviert wurden; dazu passten Pommes – ein wahres Gedicht für den Harsewinkler Gourmet.

Überhaupt waren in den 1970er Jahren feurige Saucen angesagt. Diese sind auch unter dem Namen „Zigeunersauce" bekannt. Man konnte sie selbst herstellen oder im Supermarkt fix und fertig kaufen. Über die Herkunft des Namens „Zigeunersauce" hat sich zu dieser Zeit wohl kaum jemand Gedanken gemacht. Wir wussten nur, dass es irgendetwas mit „Zigeunern" zu tun hatte. Dass „Zigeuner" aber ein eher abwertender Begriff ist und ethnische Minderheiten diskriminiert, davon wussten wir als Kinder rein gar nichts.

Teilweise campierten sie wochenweise auf den von der Stadt Harsewinkel zur Verfügung gestellten Stellplätzen. Wir Kinder sahen nur, dass da Wohnwagen standen, aber nicht, wem sie gehörten. Wer diese Menschen waren, woher sie kamen und warum sie so ein Leben führten, wusste eigentlich niemand. Wir Kinder beobachteten sie immer aus der Distanz heraus. Zu ihnen zu gehen und mit ihnen zu reden, das trauten wir uns nicht. Wir gingen nicht zu ihnen und sie gingen auch nicht zu uns.

Doch noch einmal zurück zum Heidegrill. Spezialität des Hauses waren die gegrillten Hähnchen, die im durchsichtigen Grill in der Auslage zubereitet wurden. Wenn man vor dem Schaufenster des Imbisses stand, dann sprangen sie einen förmlich an. Mittags sahen sie appetitlich aus und schmeckten prima. Aber wenn du am späten Abend und kurz vor Ladenschluss noch so ein Teil haben wolltest, lag es meist verschrumpelt auf dem Boden des schon erkalteten Grills. Um den Hahn noch „verkaufsfertig" zu machen, warf der Grillchef das Geflügel einfach in die heiße Fritteuse und briet es bis zur Unkenntlichkeit. Das war kein Geschmackserlebnis mehr, und nach dem Verzehr eines solchen Teils wusste fast jeder, was der Begriff „Gummiadler" bedeutet.

Es gibt noch einen anderen Wirtschaftszweig, der Erwähnung verdient, nämlich das Wirtshausleben in Harsewinkel und die damit verbundene Trinkkultur. Jugendschutz, so wie er heute praktiziert wird, war damals völlig fremd. Man wusste davon, aber was er bedeutete, davon hatten wir keine Ahnung. Man trank einfach mit: bei Freunden zu Hause, auf Familienfesten, auf öffentlichen Veranstaltungen oder eben in den verschiedenen Kneipen.

Die Gaststätten von damals unterschieden sich von den heutigen in vielfacher Hinsicht: Damals wurden Kneipen häufiger besucht als heute und es wurde auch mehr getrunken. Wirtshäuser waren nicht einfach nur „Trinkhallen", wie es zum Beispiel im Ruhrgebiet umgangssprachlich hieß, sondern auch Orte des Austauschs und der Kontaktpflege. Die Öffnungszeiten hingen oft von der Trinklust der Besucher ab. Kein Gastwirt sperrte um Mitternacht einfach zu; meist stieg der der Umsatz erst, wenn der Kanal schon richtig voll war. Und es wurde gequalmt, was das Zeug hielt – ein Rauchverbot war völlig unbekannt. Wer einmal über die Stränge schlug und seine Zeche nicht bezahlen konnte, musste nicht irgendwoher Bares besorgen, sondern konnte beim Gastwirt anschreiben lassen.

Die Gaststätte Falke am Westfalendamm ist eine Traditionsgaststätte, die schon in zweiter Generation betrieben wird. Sie ist das Harsewinkler Aushängeschild für gutbürgerliche und moderne Küche zu fairen Preisen. Wer dort einkehrt, weiß das Essen zu schätzen und kommt bei nächster Gelegenheit wieder. Falke hat sich in den letzten Jahrzehnten von einer Kneipe zu einem typisch westfälischen Gasthaus entwickelt – die Einheimischen bedanken sich mit jahrelanger Treue. Besonders Senioren schätzen das „Essen zum Mitnehmen"; ich habe mich selbst davon überzeugt.

Damals gehörte zum Stammpublikum unter anderem auch der Arminia-Fanclub aus Harsewinkel. Wenn Arminia verlor, freute sich der Gastwirt über besonders hohe Umsätze; gewann Arminia, war es aber auch nicht anders. Einen Song, der ständig bei Falke gesungen wurde, habe ich immer

noch im Ohr. Er stammt von Gerry and the Pace-
makers und ist eigentlich die Hymne des FC Liver-
pool:

> „Walk on, walk on
> With hope in your heart
> And you'll never walk alone
> You'll never walk alone"

Neben den Arminia-Bielefeld-Anhängern gab es
noch ein weiteres Stammpublikum, das ebenso
trinkfreudig war wie der Fußballclub: Das waren
die Mitarbeiter der Royal Air Force, die zwischen
Marienfeld und Gütersloh stationiert waren. Viele
der Engländer lebten auf Dammanns Hof, einer
extra für sie gebauten Harsewinkler Hochhaus-
siedlung, fast direkt neben der Gaststätte Falke.

Wenn wir am Samstagabend draußen schon
lautstark hörten: „Hans, eine Große!", dann wussten wir: Sie sind da. Hans war der Chef des Hauses,
genauso wie seine Frau Waltraud, die meist in der
Küche stand. Gelegentlich war auch Tochter Kiki
anwesend – ein Grund mehr, noch ein Bier zu bestellen. Irgendwie herrschte im Haus immer eine
familiäre Atmosphäre und es ging ruhig und fried-
lich zu.

Mit den Engländern freundeten wir uns schnell
an. Männer sind da einfach strukturiert: Man trinkt
etwas miteinander, plaudert ein wenig über mehr
oder weniger Banales, wird locker und umarmt

sich zum Abschied. Oder man trinkt um die Wette: Zwei Kontrahenten mussten ein großes Bier so schnell wie möglich austrinken. Wer zuerst fertig war, stellte sein Bier umgekehrt auf den Kopf, was sein Kontrahent auch tun musste – Pech für denjenigen, der nicht schnell genug trank.

Ein weiteres Ritual war das sogenannte Stiefeltrinken, das Trinken aus einem großen Glasstiefel, der zwei Liter Bier fasste. Dieses Ritual fand meist am Sonntagvormittag statt. Manch einer sagt, dass diese Art des Trinkens ein Ausdruck von ostwestfälischem Masochismus ist oder möglicherweise eine Sonderform pathologischen Verhaltens. Das mag alles so sein und stimmen. Dennoch waren solche Rituale für uns ein fester Bestandteil des kulturellen Lebens – warum auch immer.

Das Stiefeltrinken erfordert Trinkfestigkeit und kognitive Fähigkeiten gleichermaßen, denn Sinn und Ziel dieses Rituals ist es, viel zu trinken und möglichst wenig zu bezahlen. Man beginnt also irgendwo in der Runde mit dem Leeren des Trinkgefäßes, dann wird der Stiefel im Uhrzeigersinn immer weitergegeben. Du trinkst und reichst das Gefäß dann weiter. Derjenige, der den letzten Schluck Bier aus dem Stiefel trinkt, hat Glück, denn immer derjenige, der vor ihm getrunken hat, zahlt die Zeche. Man muss also das Trinkverhalten der Gruppe einschätzen und berechnen – wenn man dazu überhaupt noch in der Lage ist. Wurden zehn Stiefel plattgemacht, gabs einen von Hans umsonst. Prost.

Es mag manchem Leser unverständlich erscheinen, warum sich Menschen an einem Sonntagvormittag in einer Kneipe treffen, wo noch der Geruch von Alkohol und Zigaretten der letzten Nacht in er Luft hängt – nur um sich archaischen Ritualen hinzugeben. Heute kann ich behaupten: Wir wussten es nicht besser und loteten womöglich unsere Grenzen aus. Und so, wie es uns die Erwachsenen mit ihren sonntäglichen Frühschoppen vorexerzierten, eiferten wir ihnen nach und probierten etwas abgeänderte Trinksitten aus.

Mittlerweile sind viele Jahre vergangen und die geselligen Runden am Sonntagvormittag gehören der Vergangenheit an. Doch immer, wenn ich das Gasthaus am Westfalendamm besuche, spüre ich die Atmosphäre dieses Hauses, wie sie früher einmal war: Eine volle Theke mit durstigen Menschen, es riecht nach Bier und Zigarettenqualm. Wir sitzen am Nebentisch und bestellen unsere Runden. Die Atmosphäre ist zwanglos und entspannt, ein Gewusel und Gemache, es wird Deutsch und Englisch gesprochen – und niemand kommt auf die Idee, nach Hause zu gehen, man könnte ja was verpassen.

Heute hat sich das Verhältnis von Trinken und Essen umgekehrt: Die Leute trinken weniger und legen mehr Wert auf ein anständiges Mittagessen. Vielleicht nehmen die Trinkmengen auch mit zunehmendem Alter ab – wer weiß das schon.

So, nun habt ihr in etwa eine Vorstellung davon, wie es früher in Harsewinkel mit dem Wirtschaftsleben bestellt war, als es noch keinen Aldi, Lidl, Rewe und Penny-Markt in Harsewinkel gab. Die kleinen Geschäfte, Imbisse und Gaststätten prägten das Stadtbild genauso wie der Landmaschinenhersteller Claas. Rein optisch hat sich der Stadtkern kaum verändert. Mittlerweile gibt es eine Art Fußgängerzone im Zentrum. Durch den Bau neuer Wohnsiedlungen reagierte die Stadt auf den Zuzug von Spätaussiedlern; heute kommen noch die Bürgerkriegsflüchtlinge und Asylsuchenden hinzu. Insgesamt ist die Stadt Harsewinkel deutlich gewachsen.

So manch einer mag denken, ich würde hier alte Zeiten heraufbeschwören nach dem Motto „früher war alles besser". Das stimmt natürlich nicht. Früher war nicht alles besser, sondern früher war es anders als heute: das Lebensgefühl, der Tagesablauf, die Kommunikation, die Rituale und was weiß ich noch. Die gesellschaftspolitischen Verän-

derungen in Deutschland und die damit verbundenen Herausforderungen machten auch keinen Bo-
gen um die Stadtgrenzen von Harsewinkel. Aus
meiner Sicht gab es schon ab Ende der 1960er Jahre
Multikulti: Engländer, Spanier, Italiener, Portugiesen, Polen, Arbeitsmigranten aus Deutschland
usw. Diese Entwicklung hat mein Verständnis für
Integration positiv beeinflusst. Ein gemeinsames
Zusammenleben und regelmäßige Begegnung, sei
es auf der Arbeit oder im Supermarkt, kann Vorur-
teile gegenüber anderen Nationalitäten nachhaltig
abbauen oder sogar ins Gegenteil umkehren.

Harsewinkel im Wandel der Zeit (1968). So erlebte es noch mein Vater
mit seinem spanischen Kollegen.

Gemächlich ging es zu in der ostwestfälischen Provinz: weder Hast noch Eile, sondern ruhiges Dorfleben und überschaubare Herausforderungen. Der Rövekamp wurde zwar schon ordentlich zugebaut, aber trotzdem konnten wir noch den bäuerlichen Charakter der Gegend spüren. Es wurde geerntet, was das Zeug hielt: Kartoffeln, Zuckerrüben, Bohnen, Erbsen und was halt noch so angebaut wurde. Gelegentlich weideten große Schafsherden samt Schäfer in unmittelbarer Nähe unserer Wohngegend. Im Winter wurde gejagt, besonders zu Weihnachten, da gab der Wald viel her. Dann lag vor Heinz Fressmanns Edeka-Markt von Jägern erlegtes Wild zum Bestaunen und natürlich zum Kaufen, hauptsächlich Wildschweine und Hasen.

Die Harsewinkler Viehzucht hatte ebenfalls einen hohen Stellenwert: Mitten in der Stadt gab es noch einen Schlachthof. In der Frühe konnten wir das Gequieke der Viecher noch hören, gegen Mittag wurde es dann eigenartig still. Regelmäßig fuhren Lastkraftwagen aus dem Betrieb, welche die Knochen der Schweine zur Weiterverarbeitung abtransportierten. Der Gestank, der aus den offenen Containern kam, war furchtbar.

Harsewinkels dörflicher Charakter war noch überall zu spüren: Manchmal durften wir einem Korbflechter bei der Arbeit zusehen, wenn er mit seinem Gefährt in Harsewinkel Station machte und seine Waren präsentierte: echte Naturprodukte, kunstvoll gefertigt, ein richtig anspruchsvolles Handwerk zum Bestaunen.

Vom Rövekamp bis in die Innenstadt ist es nicht besonders weit; zu Fuß war man in rund 20 Minuten dort. Wer etwas kaufen wollte, sei es Schuhe oder Kleidung, der musste in die Innenstadt kommen. Alles war um die St.-Lucia-Kirche herum angesiedelt, eine neugotische Kirche, die 1860 eingeweiht wurde, aber schon wesentlich älter ist. Um den Kirchplatz herum stehen heute noch sehr schöne Fachwerkhäuser, teils liebevoll restauriert, ein Stück ganz altes Harsewinkel.

Wie dem auch sei, zu meiner Kinder- und Jugendzeit war der Stadtkern auch das Epizentrum für Kaufanreize. Es gab Schneider, Schuhmacher, Bäcker, Kolonialwarenhändler, Kleidungsgeschäfte, Ärzte und Apotheken.

Während das alte Harsewinkel seinen Dorfcharakter beibehielt und sich von seiner ursprünglichen Seite zeigte, entwickelte sich parallel dazu das neue Harsewinkel: Zuwanderung durch die Ansiedlung der Firma Claas; der Bau eines schicken Schwimmbads direkt neben dem Sportplatz; der Neubau der Pauluskirche auf dem Rövekamp, der 1966 eingeweiht wurde; die Belebung des innerstädtischen Lebens mit italienischer Eisdiele, Pizzeria und Imbissen sowie eine Aktualisierung des Kneipenlebens in Harsewinkel.

15. Kulturarbeit auf Ostwestfälisch

Wenn mich Außenstehende fragen, welche kulturellen Impulse aus meiner Sicht von der Stadt ausgehen, muss ich erst mal überlegen: Kultur in oder aus Harsewinkel? Was ist Kultur? Kirche und Vereine, Scheunenball und Schützenfest? Oder Künstler, Literaten, Musiker und Freidenker, Menschen also, die der Welt etwas zu sagen haben, auch wenn sie möglicherweise nie gehört werden?

Auf Wikipedia, einer Online-Enzyklopädie, an der jeder mitarbeiten kann, fand ich einen Eintrag über das kulturelle Leben der Stadt: Hervorgehoben werden die Kirchen, ein kleines Heimatmuseum, Theateraufführungen sowie einige musikalische Aktivitäten – das war es dann. Auch werden Persönlichkeiten der Stadt aufgeführt. Ein Blick darauf zeigt, dass die Liste nicht allzu lang ist. In Harsewinkel gab es auch mal ein Kino, direkt an der alten Brockhäger Straße. Das muss irgendwann in den 1960er Jahren gewesen sein.

Viel interessanter ist die Stadtchronik, die einen Einblick in die kulturelle Landschaft erlaubt: 25. Februar 1974, die Frage aller Fragen: Wird Harsewinkel eine Karnevalshochburg? Erstmals findet am heutigen Rosenmontag ein Karnevalsumzug statt. – 13. November 1975: Hans-Jürgen Dräger wird als erster Karnevalsprinz proklamiert. –

17. September 1977: Die neue Orgel in der St.-Paulus-Kirche wird geweiht. – Februar 1979: Hans-Dieter Kordein übernimmt als Tambourmajor die Leitung des Spielmannszuges Harsewinkel.

Gut, das sind nicht gerade die Brüller, aber anhand der Stadtchronik wird doch deutlich, was ihre Verfasser unter „kulturellem Leben" verstehen – dazu gehört sicherlich auch die Tradition.

Vor einigen Monaten ersteigerte ich eine alte Luftaufnahme von Harsewinkel. Sie wurde wohl Anfang der 1960er Jahre aufgenommen, denn das Haus, in dem wir ab Mitte der 1960er Jahre wohnten, war noch nicht drauf. Das Foto zeigt das Claas-Firmengelände, das sich über den gesamten Rövekamp erstreckt.

Viel interessanter auf diesem Bild ist aber ein kleines, unscheinbares Haus mit Nebengebäude und großem Baumbestand, das direkt gegenüber dem Verwaltungsgebäude zu sehen ist. Dieses Haus fiel dem Parkplatzwahn zum Opfer und passte wohl nicht mehr zum Gesamtbild der Gegend. Ganz früher soll es einmal ein Feuerwehrhaus und sogar ein Gefängnis gewesen sein. Ich kannte dieses Haus als städtisches Jugendzentrum, das „Jonasbau" genannt wurde. Auf Initiative des damaligen Bürgermeisters Deppenwiese entstand dieser sehr beliebte Treffpunkt für Jugendliche. Der Name „Jonas" entstammt dem Hebräischen und bedeutet Taube. Tauben habe ich dort keine gesehen, aber manchmal ging es dort zu wie im Taubenschlag. Für viele Jugendliche war der Jonasbau ein zweites Zuhause, ein Ort, wo man unter sich war. Das Jugendzentrum bot ein breites Beschäftigungsprogramm: Livebands, Kleinkünstler, Ausflüge, Holzbearbeitungskurse oder Gitarrenkurse – da war für jeden was dabei. Sicher, es gab einen Jugendclub der evangelischen Kirche und Jugendveranstaltungen der Pauluskirche. Aber diese Angebote waren anders konzipiert und ausgerichtet als ein Jugendzentrum, wo schon Sozialarbeiter im Einsatz waren.

Am Wochenende gab es meist Livemusik oder es wurden angesagte Filme gezeigt, wie *Einer flog über das Kuckucksnest, Woodstock* oder das Musical *Jesus Christ Superstar*. Die Getränke waren günstig und im Haus durfte auch geraucht werden. Unter der Woche wurden oft Fahrten ins Hallenbad nach Steinhagen organsiert.

Der Jonasbau wurde von zwei Sozialarbeitern unterstützt. Willi hieß einer von beiden, ein netter Kerl, der sich sehr für uns Jugendliche engagierte. Da gab es kein gekünsteltes Getue oder oberlehrerhaftes Verhalten, sondern Ehrlichkeit und Aufrichtigkeit. Wir alle mochten ihn sehr. Ein gewähltes

Leitungsteam unterstützte die Sozialarbeiter in ihrer Arbeit und gab Anregungen für künftige Veranstaltungen.

Kennt jemand von euch noch die Musikkiste in Gütersloh, direkt am Dreiecksplatz? Ein Mekka für Musiker und solche, die es werden wollten. Die Musikkiste wurde von Volker Wilmking (gest. 2019) und Gerry Spooner über 30 Jahre lang betrieben. Egal ob Gitarre, Blockflöte, Mundharmonika oder Triangel – hier gab es (fast) alles für den täglichen Musikgebrauch, auch viele Noten und Songbücher. Jeder unserer Besuche in Gütersloh sah meist einen kurzen Besuch in diesem Laden vor. Vor einigen Jahren schloss die Musikkiste für immer ihre Pforten.

Wilmking spielte Querflöte und Spooner Gitarre. Als Duo gaben sie auch mal im Jonasbau einen zum Besten. Die drei Mark Eintritt waren gut angelegt. An diesem Abend spielte sie wohl einen der bekanntesten Songs von Bob Dylan, nämlich *All Along The Watchtower*. Ein einschneidendes Erlebnis für mich, denn hier kam ich zu der Erkenntnis, dass Bob Dylans Gitarrenspiel keine Hexerei war, sondern das Ergebnis drei gut arrangierter Akkorde auf der Gitarre. Der Rest war Inspiration und Ausdruck.

Im Jonasbau verkehrten jede Menge Leute, die an Musik interessiert waren und selbst irgendein Instrument spielten. Im Haus standen Proberäume für Bandprojekte zur Verfügung, die gern und häufig genutzt wurden. Fast jedes Wochenende war aus irgendeiner Ecke des Jugendzentrums Musik zu hören: von James Taylor, Mungo Jerry, Neil Young, Bob Dylan, Simon and Garfunkel, den Rolling Stones, The Mamas and the Papas, Pink Floyd usw., natürlich alles selbst gespielt. Manch ein Musiker konnte echt gut spielen und traute sich sogar, ungeniert vor Publikum zu singen. Dazu gehörte schon eine gehörige Portion Selbstvertrauen.

Ich wollte auch unbedingt Gitarre spielen lernen und so drauf sein wie Neil Young und Bob Dylan, die musikalischen Wegbegleiter und Therapeuten meiner Jugend.

> „When you were young
> and on your own
> How did it feel
> to be alone?
> I was always thinking
> of games that I was playing.
> Trying to make
> the best of my time."

(Neil Young: Only Love Can Break Your Heart)

Musik dieser Art strahlte eine kosmische Energie aus, die mich in ihren Bann zog. Und nicht nur mich, es gab noch viele andere, die sich von dieser

Musik innerlich berührt fühlten. Meiner Mutter, musikalisch eher dem Schlagerspektrum zuzuordnen, entging meine Leidenschaft für Neil Young & Co. natürlich nicht, und so fuhr sie mit mir eines schönen Tages mit dem Auto nach Verl, wo damals ein heute sehr bekanntes Musikgeschäft in einer Scheune untergebracht war.

Meine erste Gitarre war eine Westerngitarre, genauer gesagt eine Dreadnought, so wie sie Johnny Cash oder Neil Diamond spielten. Eine Klampfe für 130 Deutsche Mark, mit Stahlseiten und einem großen Resonanzkörper. Für einen Gitarrenkoffer reichte das Geld nicht mehr. Aber es gab eine Gitarrentasche dazu, die den gleichen Zweck erfüllte. Stolz wie Oskar deponierte ich das Teil neben meinen Schallplatten; nun war ich der überglückliche Besitzer einer Westerngitarre.

Eine Gitarre kann dich ein Leben lang begleiten, du kannst ihr ein paar Töne entlocken oder sie einfach nur berühren und ihre Wirkung in dir aufnehmen. Du kannst ihr die Tiefen und Untiefen deiner Seele mitteilen und sie wird ihnen Ausdruck verleihen. Gitarre und Mensch – das kann eine lebenslange Symbiose sein.

Wie dem auch sei, am nächsten Tag tauchte ich voller Stolz mit meiner neuen Gitarre im „Bau" auf, denn heute sollte der Gitarrenkurs für Anfänger beginnen. Clemens „Clem" war der Meister der Gitarre und zeigte uns mit viel Geduld, wie es geht: erst die Gitarre stimmen, einfache Akkorde lernen und dann üben, üben, üben: e-Moll, C-Dur, D-Dur, G-Dur – das waren die ersten Gitarrengriffe, die Clem uns beibrachte. Nicht ohne Hintergedanken, denn mit diesen Akkorden kannst du *Heart of Gold* von Neil Young spielen:

> „I wanna live, I wanna give,
> I've been a miner for a heart of gold.
> It's these expressions I never give.
> That keeps me searching for a heart of Gold.
> And I'm getting old."

Neil Young kam an, er war der King – zumindest für mich. Seine Stücke waren nicht so schwer zu lernen; jeder halbwegs musikalisch interessierte Mensch ist in der Lage, Songs von Neil Young zu spielen. Aber möglicherweise brauchst du auch einen Mentor, einen Lehrer, einen, der dich für Musik begeistert.

Clem war so ein Mensch, einer, der mit seinem Spiel überzeugte, weil es einfach etwas Besonderes war. Wenn er mit seinem alten VW-Bus am Jonasbau vorfuhr, hatte er meist seine Gitarre im Gepäck und packte sie natürlich auch aus.

Einmal spielte er mir etwas von Werner Lämmerhirt vor (gest. 2016), einer bekannten Größe in der deutschen Folkszene, dessen Spiel auch als

„Fingerpicking" bezeichnet wurde. Mühelos spielte er mir Lämmerhirts Version von *Lincoln Duncan* vor, einem Lied von Paul Simon.

Clems Spiel hat mich damals unheimlich beeindruckt und ich wollte auch so Gitarre spielen wie er. Eines Tages legte er im Jugendzentrum eine Platte von Neil Young auf und studierte ein Stück so lange, bis er alle Töne perfekt auf seiner Gitarre wiedergeben konnte.

Alles, was ich heute auf der Gitarre spielen kann, habe ich Clem zu verdanken, der sehr viel Geduld für mich aufbrachte. Ohne ihn hätte ich nie die spirituelle Kraft und Energie gespürt, die von Musik ausgehen kann. Ich konnte mich bei ihm nie für dieses wunderbare Geschenk bedanken. Irgendwann trennten sich unsere Wege und wir verloren uns einfach aus den Augen.

Hey Clem, wenn du dieses Buch mal zufällig lesen solltest: Vielen Dank, dass du mir das Gitarrespielen beigebracht hast! Es hat mein Leben in jeglicher Hinsicht bereichert. Das wollte ich dir immer schon mal sagen.

Mittlerweile bin ich stolzer Besitzer einer Fender Stratocaster, aber meine Martin Dreadnought ist nach wie vor meine beste Freundin.

Meine erste elektrische Band (ich hatte es schon in einem früheren Kapitel erwähnt) hieß Korken-

zieher, eine regionale Garagenband, zusammenge-
würfelt aus einem Haufen junger Enthusiasten, die
vor allem eins wollten: das Leben in seiner ganzen
Intensität spüren und dieser Intensität musikalischen Ausdruck verleihen. Der Bau bot uns diese
Möglichkeit: Hier standen Übungsräume zur Verfügung, die fast rund um die Uhr genutzt werden
konnten. Niemand störte sich an unseren nächtli-
chen Sessions; meist war es schon weit nach Mitternacht und wir noch richtig gut drauf. Übungstech-
nisch orientierten wir uns an Keith Richards, dem
Gitarristen der Rolling Stones: drei rostige Riffs auf
der Gitarre, halbwegs gut intoniert, und schon hast
du das Publikum auf deiner Seite.

Manchmal traten wir vor 50 Menschen auf,
manchmal vor 10 – und manchmal musste der Eintritt zurückgezahlt werden, weil nur drei Leute zu
unserem Konzert kamen. Unsere Gagen waren
sehr unterschiedlich: Unsere erste Gage war eine
Kiste Bier. Einmal verlangten wir vom Jonasbau
400 Mark Gage, die uns auch zugesagt wurden.
Aber als sich dann ein Möchtegern-Gigolo darüber
mokierte, dass so viel Geld nicht in Ordnung ist,
spendeten wir die gesamte Gage an die Bodel-
schwinghschen Anstalten in Bielefeld. Gelegentlich
spielten wir auch umsonst, für einen guten Zweck
sowieso. In erster Linie ging es uns nicht ums Geld,
sondern um die Musik und unser Lebensgefühl.

Wir waren zu viert: Ralf am Bass, Heinz am Schlagzeug, Jupp an der Gitarre und Mikrofon und ich an der Gitarre. Unser Equipment war etwas spartanisch, aber wir hatten immerhin eine kleine Gesangsanlage, die in kleinen und mittelgroßen Räumen ihren Zweck erfüllte.

Vor einigen Tagen entdeckte ich in meiner Musikkiste ein von Hand beschriebenes Blatt Papier, worauf man sehen kann, welche Stücke wir damals spielten: *Honky Tonk Woman* von den Rolling Stones, *Hotel California* von den Eagles, *Sklavenhändler* von Ton Steine Scherben, dann Eigenkreationen wie den *Stanzer-Tango* oder einen Song über einen Aufwiegler namens Jesus von Nazareth. Irgendwie war die Band auch wie eine Kirche: ein Ort, wo jeder von uns seinen Platz fand und sich mit ihm identifizieren konnte.

Wir spielten, so gut wir konnten. So richtig Note für Note nachspielen war nicht unsere Sache; das war uns zu bürgerlich. Und obwohl wir in technischer Hinsicht Amateure waren, überzeugten wir doch so manches Publikum mit unseren Botschaften, zum Beispiel, dass nichts so sein muss, wie es ist, dass Wut und Trauer ihre Berechtigung haben und wir keine angepassten Scheißer sein wollen. Über Musik lässt sich viel kommunizieren, weil sie persönlichen und gesellschaftlichen Befindlichkeiten Gestalt und Ausdruck verleihen kann.

Umsonst konnten wir fast überall spielen. Es gab in dieser Hinsicht genug Anfragen und wir waren stolz, dass man uns überhaupt anrief. Meistens spielten wir in Harsewinkel: im Jugendzentrum, in dem Emswiesen, in der Realschule oder auch schon mal auf einem größeren Festival. Manche Leute mochten und manche Leute hassten unsere Musik. Wir repräsentierten eine Seite der menschlichen Psyche, die den doch eher sturen und zurückhaltenden Westfalen sauer aufstößt. Wir hinterfragten das, was für uns vorgesehen war: bis 65 zu malochen und danach im Fernsehsessel die noch verbleibende Zeit abzuhängen. Niemand fragte nach unseren Träumen und Sehnsüchten, wir wollten sie konkret spüren und zulassen.

Rückblickend würde ich heute sagen, dass wir damals ein Ventil brauchten, um ordentlich Dampf abzulassen, und da kam die Musik gerade recht.

> „I'm a rolling thunder, a pouring rain
> I'm comin' on like a hurricane
> My lightning's flashing across the sky
> You're only young but you're gonna die"
> (AC/DC)

Unsere gelegentlich als zu laut empfundene Musik würde ein Psychologe heute wohl als Ausdruck von Lebendigkeit, Vitalität und Lebensfreude deuten.

In der Musik ist es aber wie im richtigen Leben: Wo Licht ist, da ist auch Schatten. Und wo Menschen miteinander in Kontakt sind, da passiert auch etwas, was vielleicht nicht vorhersehbar oder geplant war. Vier Menschen mit unterschiedlichen Interessen – das geht nur eine Zeit lang gut. Dann kamen noch die Beziehungen dazu, die bei manchen mit einer Familiengründung endeten. Da bleibt keine Zeit mehr übrig für Rock 'n' Roll, dafür gibt es dann aber den Montagsblues umsonst.

Vor einigen Jahren trafen wir uns eher zufällig wieder und sprachen über alte Zeiten und was davon übriggeblieben ist. Beiläufig kam auch die Idee eines Comebacks auf – einfach so aus Spaß und unter dem Einfluss nicht unerheblicher Mengen Alkohol. Es war eine schöne Begegnung und ich glaube sagen zu können, dass jeder von uns noch einmal das Feuer unserer Sturm- und Drangzeit spürte. Das Comeback lässt noch auf sich warten – vielleicht wirds ja nach dem Renteneintritt was mit uns.

Menschen trennen sich, weil sie neue Wege gehen wollen oder sich für etwas anderes entscheiden. Sie setzen ihre eigenen Prioritäten und irgendwann ist dann mit dem alten Leben Schluss. Viele entscheiden sich für ein sicheres, bürgerliches und stinknormales Leben mit allem, was dazugehört: eine nette Frau, mit der du verheiratet bist, Kinder, Haus, Garten, Beruf und Kegelverein. Warum auch nicht? Seien wir doch ehrlich – wir kannten es ja auch nicht anders, so wie auch unsere Eltern von ihrer Generation beeinflusst waren. Beruf und Familie waren oberste Pflicht und wehe dem, der sich nicht fügt. Natürlich wollten wir nicht so werden wie unsere Eltern, dieses scheinheilige Familienidyll, diese Sprachlosigkeit und dieses Verdrängen von Wünschen und Bedürfnissen. Was war das nur für ein Leben? Die ganze Woche arbeiten und samstags auf die Mutti. Gute Nacht!

Es ist eine Tatsache, dass manche von denjenigen, die sich am heftigsten gegen dieses Familienidyll auflehnten, zu den widerlichsten Spießern der Gegend wurden und keine Gelegenheit ausließen, ihr Familienmantra vor dir auszukotzen. Nur ein paar Freunde aus alter Zeit weigern sich bis heute, die Lebensentwürfe ihrer Eltern anzuwenden. Dafür bekamen und bekommen sie viel Prügel, meist aus dem eigenen Freundeskreis. Dieser versteht nicht, warum jemand unter ihnen lebt, der nicht verheiratet ist, keine Kinder hat und ständig mit anderen Frauen unterwegs ist. Das zerrt an ihren Moralvorstellungen und ihrer Du-darfst-nur-mit-der-einen-Mentalität. Aus ihren Köpfen entwich im Laufe der Jahre jegliche Jugendlichkeit und jegliches Aufbegehren, weil das ja nicht so sein darf. Stattdessen soffen sie ihre Wünsche nieder und rächten sich an der ganzen Welt für ihr selbstgewähltes und biederes Leben, indem sie anderen ständig ihren Lebensstil aufdrängten. Zweifel an ihrem Tun und Handeln, überhaupt das Hinterfragen ihrer gesamten Lebenswirklichkeit, das konnten und können sie nicht zulassen. Sie bevorzugen lieber den Angriff, damit niemand ihr wahres Innenleben erkennt.

Kultur ist für mich auch eine Frage der Wahrnehmung von Identität, der Auseinandersetzung mit dem Selbst und auch mit dem, was die Welt aus mir gemacht hat. Manche Dinge werden von Generation zu Generation weitergetragen, wie zum Beispiel die elterliche, schulische oder religiöse Erziehung. Nicht zu vergessen der Einfluss von Freunden, Musik, Film und Kunst; ein jeder von uns hat da seine eigenen Erfahrungen gemacht. Die Gesamtheit dieser Erfahrungen, verbunden mit der bewussten Verarbeitung vieler Eindrücke führt zu mir, zum Selbst, zum Ich – sie sind das, was mich letztendlich ausmacht.

Das sollte auch in Ostwestfalen so sein, auch wenn ich manchmal meine Zweifel daran habe, besonders dann, wenn ich einigen Einheimischen begegne, die allein schon durch ihr Aussehen und ihre Mimik signalisieren, dass das Leben nur ein

Ertragen und Erdulden eines für sie unglücklichen Lebens ist. „Ora et labora", bete und arbeite – dann bist du ein guter Mensch.

Es gibt Menschen, die im Laufe des Lebens vom Paulus zum Saulus mutieren, und so mancher Stadtindianer hat sich im Laufe der Jahre zu einem wertvollen und angepassten Mitglied der Gemeinschaft entwickelt. Die Hippie-Allüren der 1970er Jahre wichen einer Spießermentalität, die einzigartig ist: Geltungssucht, Rechthaberei, Egoismus, Vereinsmeierei, überhaupt ein bürgerliches Leben, so wie es in Rosemunde-Pilcher-Filmen zelebriert wird. Sie sehen sich selbst als irgendwie bedeutend an; das zeigt sich besonders an ihrem hochnäsigen Verhalten, wenn du ihnen begegnest. Sie haben immer recht, egal worüber du mit ihnen sprichst, und nur sie wissen, was auf der Welt gerecht ist und was nicht. In Harsewinkel würde man sagen, sie haben die Weisheit mit Löffeln gefressen.

Ihren Wigwam tauschten sie gegen ein Haus mit Zentralheizung, Garage und Kleingarten, und das Pferd wurde durch einen Pkw ersetzt. Selbstreflexion? Fehlanzeige. Warum auch, wenn man doch vollkommen von sich überzeugt ist und nur die anderen ihre Fehler nicht eingestehen. Da braucht es keine Diskussionen und Auseinandersetzungen mehr, sondern es genügt der moralische

Zeigefinger, so wie wir ihn aus grauer Vorzeit kennen. Manchmal frage ich mich, warum Menschen so geworden sind und warum sie ihr progressives Lebensprinzip einfach so wegwerfen wie ein nasses Handtuch.

Apropos Kultur in Harsewinkel: Letztens hatte ich einem alten Freund berichtigt, dass ich ein Buch über meine Kindheit und Jugend in Ostwestfalen schreibe. Dabei erwähnte ich beiläufig, dass ich beabsichtige, etwas über das kulturelle Leben jenseits der Schützenfeste und Männergesangsvereine zu schreiben. Wie aus der Pistole geschossen rief mein Freud: „Kennst du noch Atilla Afak?" Und wie ich ihn kenne, wer kennt den nicht?

Atilla betrieb den Rockpalast in Harsewinkel, „der Rocky", wie er von vielen liebevoll genannt wurde, eine stets gut besuchte Diskothek, mitten im Stadtzentrum, gleich neben dem Dom. Der Rocky war ein zentraler Treffpunkt für Jugendliche und Erwachsene, die Lust hatten, sich zu später Stunde und bei guter Musik noch ein paar Gläschen zu gönnen. Der DJ war die wichtigste Person im Raum und machte seinen Job meist sehr gut. Attila oder auch sein Bruder saßen meist am Eingang, um von jedem von uns drei Mark Eintritt zu kassieren, ab 1:30 Uhr war der Eintritt frei. Um diese Zeit versammelte sich meist eine Riesentraube an Menschen vor der Diskothek – oder sie warteten

bei einem Espresso in der angrenzenden Eisdiele
Eis-Molin.

Die Getränke im Rocky waren günstig, eine Flasche Bier kostete 2,50 DM und im Keller gab es eine kleine Stehpizzeria, wo wir uns noch einmal stärken konnten. Im Morgengrauen ging es dann nach Hause, meist vollgedröhnt von der Musik und vom Bockbier, das wir reichlich intus hatten.

Was mir am Rocky gefiel, ist die Tatsache, dass man dort immer Bekannte zum Quatschen traf, selbst spät in der Nacht. Und selbst wenn das nicht der Fall war, konntest du einfach nur etwas trinken, Musik hören und dich deinen Gedanken hingeben. Es war ein Kommen und Gehen und fast niemand schaute auf die Uhr. Manchmal ergab sich auch die eine oder andere mehr oder weniger nette Bekanntschaft – und unter uns gesagt: Mit ordentlich Bier im Kopf, also wenn der Tank voll ist, erscheint dir selbst die härteste Frau wie eine zart besaitete Elfe. Sorry, ist nicht böse gemeint, sondern eine männliche Grenzerfahrung.

Aber mal ganz im Ernst: Ab und zu gingen einige von uns am frühen Morgen nicht allein nach Hause, sondern verlängerten die anregende Nacht noch um ein kleines Stelldichein. Wenn dann auch noch in aller Herrgottsfrühe die Kirchenglocken des mächtigen Doms läuteten, wusstest du, dass du alles richtig gemacht hast. „Denn wer hat, dem wird gegeben" (Matthäus 25:29).

Rückwirkend betrachtet war der Rocky für viele Leute eine zweite Heimat, eine Ersatzfamilie, die auch nachts für einen da war, wenn man sie brauchte. Mittlerweile ist der Rocky Geschichte, und nichts erinnert mehr an seine damalige Anziehungskraft.

Das Kiekes Rin am Schützenplatz war für mich ein zweites Zuhause, ein altes Fachwerkhaus mit rustikalem Interior, verwinkelten Sitzecken und großem Biergarten – das Harsewinkler Mekka für all diejenigen, die sich gern über Gott und die Welt unterhielten. Der Name „Kiekes Rin" hat nichts mit dem Unternehmen Kik zu tun, sondern bedeutet so viel wie „kiek mal rein" oder zu Neudeutsch: „Schau mal vorbei".

Udo war der Chef des Hauses, immer stets bemüht und freundlich. Er machte aus dem anfänglich eher verschlafenen Häuschen einen wichtigen kulturellen Treffpunkt mit hoher Kundenfrequenz. Der Kiekes war keine typische Trinkhalle für Männer, sondern eher ein moderner Treffpunkt für Männer und Frauen. Hier traf man Leute, die sich gern und lange unterhielten und dabei ihr Altbier oder Alt-Schuss genossen, Leute, die sich für Politik und Gesellschaft interessierten oder einfach nur die Atmosphäre dieses Ortes genossen. Im Kiekes war es nett und gemütlich, die Musik lief dezent im Hintergrund – ein Ort zum Wohlfühlen und Relaxen. Gelegentlich fand sich ein lokaler Guitar Hero ein und gab was zum Besten; manchmal spielte sogar eine Band auf. Spezialitäten des Hauses waren die selbstgemachte Altbierbowle und die hausgemachten Frikadellen. Im Sommer genossen wir die lauen Nächte im Biergarten; manchmal wurde dort auch ein Fußballspiel gezeigt.

Natürlich gingen auch einige Leute dorthin, um ihren Kummer zu ertränken. Niemand stellte Fragen, denn Fragen zur Befindlichkeit sind nicht so des Ostwestfalen Ding. Aber wir wussten auch so, was los war, denn der Kiekes war, wie fast jede Kneipe auf dieser Welt, eine Nachrichtenzentrale, die besser funktionierte als jede regionale Tageszeitung.

Doch die Zeit bleibt nicht stehen, und mittlerweile ist das Kiekes Rin längst Legende, auch wenn es heute noch in anderer Form existiert. Die Raucher wurden verbannt, dafür gibt es jetzt eine recht große Speisekarte. Nur noch wenig erinnert an vergangene Zeiten. Im Internet fand ich einen interessanten Eintrag, der die Entwicklung des Kiekes bis heute beschreibt. Dort heißt es:

„Tja, leider, leider ist das Kickes oder wie das Kiekes Rin hier umgangssprachlich heißt, auch nicht resistent gegen den Wandel, den die Zeit so mit sich bringt. In der Tat ist das Kickes noch eine auf extrem urig gemachte Kneipe auf dem Schützenplatz in Harsewinkel, doch in Zeiten, in denen Rauchverbot und Barfood auch in ehemaligen sympathischen Kaschemmen Einzug halten. Nun, das Kieckes Rin hat sich dem allgemeinen Trend nicht widersetzt und ist inzwischen auch nur noch eine gemütliche Dorf-Kneipe, die sich höchstens noch durch ihre lange Historie als die Ur-Kneipe der (damaligen) Jugend etwas abhebt. Aus Nostalgie gerne noch mal ein Bier oder Alt-Schuss, ansonsten gibt's genug gleichwertige Alternativen (auch in Harsewinkel)".

16. Hopp hopp rin in Kopp – Feste und Gebräuche

Wie jede ländliche Region in Ostwestfalen, so kann auch Harsewinkel auf eine lange Tradition von Festen und Gebräuchen zurückblicken. Ob Kirche, Stadt, Vereine, Bauern oder Schützen – sie alle leisten ihren Beitrag zur Förderung und zum Erhalt des sozialen Miteinanders.

Die Pfarrgemeindefeste der Pauluskirche sind mir noch gut in Erinnerung geblieben. Sie fanden jedes Jahr auf dem Kirchplatz statt. Irgendwie war es wie auf einem großen Volksfest: Mittags servierte die freiwillige Feuerwehr Eintopf aus der Gulaschkanone und am Nachmittag gabs Kaffee und selbstgemachten Kuchen. Für Kinder gabs so einige Überraschungen. Wer es schaffte, einen Baumstamm hinaufzuklettern, an dessen Spitze Leckereien befestigt waren, der durfte sich daraus etwas Süßes aussuchen.

Der Pfarrer war selbstverständlich auch anwesend und begrüßte jedes seiner Schäfchen mit Handschlag. Bei einem kleinen Schwätzchen wurden Informationen und Neuigkeiten ausgetauscht. Der Pfarrer war ein wichtiger Informationsträger, der so allerlei Interessantes über die Leute im Dorf wusste.

Was den Tirolern ihr Vergnügungspark, ist für einen Ostwestfalen die Kirmes. In den letzten Jahren versuchte die Stadt Harsewinkel Synergien zwischen der Kirmes und dem traditionsreichen Kleesamenmarkt zu schaffen; Letzterer findet seit über 200 Jahren kurz nach Ostern statt. Samstagvormittag gibt es einen Bauermarkt, wo regionale Erzeugnisse verkauft werden. Hier besteht die Möglichkeit, mal einen Bauern, Bäcker oder sonstigen Produzenten von regionalen Produkten persönlich kennenzulernen. Der Kleesamenmarkt erinnert mich stets an die Einfachheit und Überschaubarkeit des dörflichen Lebens: ein kleiner Mikrokosmos, dessen Funktion die Versorgung der Bevölkerung ist, und ein Ort, der die Begegnung zwischen Menschen fördert.

Wir Kinder interessierten uns eher für die verrückten Fahrgeschäfte auf der Kirmes: Autoscooter, Raupe, Twister, Karussell – Orte, an denen es bei Dunkelheit zu leuchten begann und wir dann in eine Halbwelt eintauchten, die es real gar nicht gab. Alles war schön bunt und laut, und der Chipverkäufer pries über Lautsprecher sein Fahrgeschäft an: „Elf Chips zum Preis von zehn, jetzt exklusive Rückwärtsfahrt, ja, Leute, da kommt Stimmung auf und noch mal ne Extrarunde ………"

Beliebtester Treffpunkt war die Raupe, eine Art Karussell, bestehend aus mehreren Einzelwagen, die miteinander verbunden sind. Die Wagen sind auf Autochassis montiert und laufen auf konventionellen Autorädern. Sitzt du in solch einem Wagen, dann kannst du in das Innere der Karussellkonstruktion sehen. In der Mitte des Karussells hingen bunte Bilder mit Stars aus den 1960er Jahren: Elvis, Marilyn Monroe, Chuck Berry oder Peter Frankenfeld. In einen Wagen passten zwei bis drei Personen. Ideal waren zwei, denn am Ende jeder Raupenfahrt stülpte sich wie von Geisterhand ein riesiges Verdeck über alle Wagen. Wer das Glück hatte, mit seiner Angebeteten im Karussell zu sitzen, konnte möglicherweise 10 Sekunden mit ihr im Dunkeln rumknutschen.

Wir genossen die Kirmes in vollen Zügen. Entweder fuhren wir mit der Geisterbahn oder setzten uns in Fahrgeschäfte mit Namen Twister, Krake, Octopus, Wellenflug oder Fliegender Teppich. Überall gab es Stände mit Süßigkeiten: gebrannte Mandeln, Lebkuchen, Waffeln oder Zuckerwatte. Glückspiel war ebenfalls groß angesagt: Losbuden, Pferderennen oder Geschicklichkeitsautomaten, in die wir Münzen einwarfen; diese wurden dann von einem im Automaten installierten Bagger mit seiner Schaufel am Boden verteilt und manchmal mehrere von ihnen als Gewinn wieder ausgeworfen. Da war das Kirmesgeld schnell weg. In diesem Fall konnten wir nur noch den anderen Kindern beim Verjubeln ihres Geldes zusehen, was für uns aber auch seinen Reiz hatte.

So schnell wie die Kirmes nach Harsewinkel kam, so schnell war sie auch schon wieder weg. Meist wurde schon am letzten Kirmestag über Nacht alles abgebaut, und wenn wir am Dienstagmorgen den Kirmesplatz inspizierten, um noch ein wenig von der Stimmung der letzten vier Tage zu spüren, war der ganze Spuk schon vorbei. Auf Lastwägen wurden die letzten Bohlen der Fahrgeschäfte verstaut, und dann zog ein Tross von bunten Kirmeswagen weiter in die nächste Stadt. Etwas wehmütig lasen wir die Schilder mit der Aufschrift „Junger Mann zum Mitreisen gesucht". Der Gedanke, ständig unterwegs und Teil dieses Spektakels zu sein, regte unsere Fantasie an. Man bot uns die Möglichkeit, die Welt auf diese Art und Weise kennenzulernen – unsere reichte nur bis Gütersloh oder Warendorf.

Das Schützen- und Heimatfest findet alljährlich im Frühsommer auf dem Heimathof in Harsewinkel statt und ist eine Herausforderung für jeden Harsewinkler Haudegen. Ob Mitglied des Schützenvereins oder einfacher Besucher des Heimatspektakels, hier kommt jeder auf seine Kosten – auf solchen Veranstaltungen kann jeder sein Durchhaltevermögen demonstrieren. Freitagmittags ist der Schützenplatz bereits rappelvoll, und um die Fress- und Saufbauden bilden sich große Menschentrauben. Der lokale Bierpatron hat mächtig aufgefahren und sorgt mit zahlreichen Ständen für das Wohl der durstigen Schützenfestbesucher. Und so fließen dann unvorstellbare Mengen Bier erst in die Gläser und anschließend in die Bäuche durstiger Menschen – ganze vier Tage lang. Ein leckeres Pils schmeckt immer, egal zu welcher Tages- oder Nachtzeit.

Die Auswirkungen dieser rituellen Handlungen, die ausschließlich der Aufrechterhaltung und Förderung des Schützenwesens gelten, konnten wir bereits am Samstagmorgen gegen 6 Uhr deutlich hören, nämlich dann, wenn der gewaltige Spielmannszug vor dem Haus des Schützenkönigs zum Wecken aufspielte. Die Trommler hatten es mit dem Rhythmus noch einigermaßen leicht, aber die Bläser und Triangel-Spieler mussten ihre letzten Reserven aufbringen, um einigermaßen abzuliefern. Zur Belohnung wurde dann vom Königspaar für jeden Musiker ein ordentlicher Schnaps kredenzt, denn ein Bier und ein Korn bringt dich wieder nach vorn.

Am Freitagmittag stand das sogenannte Hampelmannschießen auf dem Programm. Am Schießstand konnte sich jeder versuchen, der sich traute, eine Flinte in die Hand zu nehmen und auf eine

Puppe aus Holz zu schießen. Hörten wir nach einem Schuss ein lautes Raunen, dann wussten wir: Gleich ist es so weit und das Teil aus Holz wird, vollgepumpt mit Blei, gleich auf den Boden fallen. Dann ist die Entscheidung gefallen, ob es einen neuen Schützenkönig wird oder ob der alte König in seinem Amt bleiben wird. Für uns junge Burschen bedeutete das Raunen, sich möglichst schnell zum Bierstand zu begeben, denn wer den Hampelmann von der Stange abschoss, musste natürlich einen ausgeben. Je nach Geldbeutel gab es mal 30, mal 50 Liter Bier, und so schnell wie der Schütze einen ausgab, so schnell war das Fass auch schon wieder leer.

Es wäre allerdings unfair, dem Harsewinkler Schützenwesen nur Wein, Weib und Gesang zu unterstellen, denn schließlich handelt es sich hierbei um einen Mitte des 18. Jahrhunderts entstandenen Bürgerverein, der alte Traditionen pflegt und aufrechterhält. Die Wurzeln der heutigen St. Hubertus Schützenbruderschaft liegen urkundlich in der Harsewinkler „Vergnügungsakte" von 1854, so die Stadtchronik. Ab 1876 trug der Verein den Namen „Schützengesellschaft", dann wurde er in „Land- und Stadtgemeinde Harsewinkel" umbenannt. Seit dem Beitritt zum Bund der historischen Schützenbruderschaften nennt sich der Schützenverein „St. Hubertus Schützenbruderschaft Harsewinkel".

Seine Ziele und Aufgaben lauten: Bekenntnis zum Glauben, Schutz der Sitte und Liebe zur Heimat.

Die religiöse Betätigung war sicher eine ihrer wichtigsten Aufgaben. Die Bindung zur Kirche war notwendigerweise so eng, weil sie eine wichtige Rolle in der Politik und Gesellschaft spielte; ohne Unterstützung der Kirche ging damals gar nichts. Die Schützenbruderschaft war auf allen religiösen Festen und Prozessionen zugegen und sicherte deren reibungslosen Ablauf; hinzu kamen noch karitative Aufgaben. Tugenden wie wehrhafter Schutz der Kirche und Dorfbewohner, verbunden mit Disziplin, Nächstenliebe und Gebet waren das Gebot der Stunde.

1871 zählte das Amt insgesamt 4126 Einwohner, wobei sich diese über vier Gemeinden erstreckten. Die meisten Einwohner lebten von der Landwirtschaft, die Handwerker und Kaufleute siedelten sich im Stadtzentrum an. Ein Schützenfest inmitten der Stadt bot die Möglichkeit, sich zu treffen und auszutauschen oder Teil der Schützenbruderschaft zu werden, um somit am aktiven Leben der Stadt mitzuarbeiten und sich einzubringen. Die ersten Schützenkönige wurden ab 1896 benannt. Sie trugen typisch ostwestfälische Namen wie Johannsmann, Wellerdiek oder Schmelling.

Anfang der 1970er Jahre war das Schützenfest auf dem Heimathof für die Menschen der Stadt so selbstverständlich wie die Jungfrauengeburt Jesu; es gehörte einfach als fester Bestandteil des kulturellen Lebens in ihren kleinen ostwestfälischen Mikrokosmos. Wenn die Schützenmusiker lautstark aufspielten und sich Richtung Heimathof in Bewegung setzten – allen voran der Tambourmajor oder Stabführer, dann das musikalische Gefolge (erst die Bläser, Trompeten, Posaunen, Hörner und Flöten und anschließend die Trommler) –, dann war das erst der Anfang vom Ende.

Erst jetzt marschierten die Schützenbrüder auf, meist in grünen Uniformjacken, weißen Hemden und schwarzen Hosen. Auf ihren Köpfen trugen sie schwarze Hüte mit geschmückten Federn. Ihre Jacken waren mit reichlich Orden und sonstigen Abzeichen bestückt. Mir kam es immer so vor, als wenn diese Burschen sich ihre Orden durch allerhand beispiellose Leistungen verdient hatten. Sie trugen ein Gewehr aus Holz, in dessen Lauf eine Blume steckte; manche von ihnen trugen auch einen silbernen Säbel.

Meistens kamen sie in Begleitung ihrer Frauen, die, festlich gekleidet und einen Blumenstrauß haltend, ebenfalls Teil des Ganzen waren. Sie stellten die echten Feldwebel dar, besonders wenn es darum ging, ihren Männern zu erklären, dass nach dem Zapfenstreich Schluss ist („Hein, komm jetzt mit nach Hause").

Zum Schluss des Zuges folgten die Jungschützen und sonstige dazugehörige Personen ohne Uniformen und viele, viele Kinder.

Und wer von euch glaubt, dass dies schon alles mit dem Schützenfest war, dem möchte ich sagen: Nein, das war erst der Anfang. Denn was bedeutet ein Schützenfest, wenn es nicht auch von anderen Schützenvereinen aus der Umgebung besucht wird? Und so folgten dem Harsewinkler Schützenverein noch etliche, in ihrem Formationsaufbau ähnliche Schützenbrüderschaften, Musikkapellen und Unterstützer – ein gewaltiges Spektakel.

Höhepunkt des Schützenfestes war, neben der Proklamation des neuen oder alten Schützenkönigs, der samstägliche Schützenball. Dieser fand im eigens dafür errichteten Festzelt neben dem Heimathof statt.

Für uns Jugendliche war das alles nichts, wir fanden den ganzen Karneval spießig und langweilig. Aber irgendwie konnten wir uns diesem Fest auch nicht entziehen, weil fast jeder dort anzutreffen war, und wir wollten ja nichts versäumen.

Das erste Mal gingen wir Ende der 1970er Jahre zu dem besagten Schützenball. Wir waren so zehn Freunde, alle um die 15 oder 16 Jahre alt und tauchten in Begleitung einiger Mädchen auf. In den großen Festsaal gingen wir vorerst nicht; ohne Uniform oder Festkleid fielen wir einfach auf. Erst später, so um 3 Uhr morgens, als der größte Teil der Ballbesucher verschwunden, völlig betrunken oder beides war, wagten wir einen Blick in die heiligen Hallen der Beschützer von Sitte und Heimat. Eine rustikale Geschichte, überall roch es nach Schweiß, Alkohol und Zigaretten und die Tanzband mobilisierte noch einmal alle Reserven, um auch die letzten Gäste zu befriedigen.

Uns zog es doch lieber in die Sektbar. Es sprach sich herum, dass man hier nicht nur unter seinesgleichen war, sondern auch das andere Geschlecht kennenlernen konnte. Eine Flasche Sekt kostete 10 Mark – ein kleines Vermögen, aber wir Jungs waren nicht geizig, und wenn es mal eng in unseren Taschen wurde, legten wir einfach zusammen. Die ersten Annäherungen und Anbaggerversuche fanden meist unter dem Einfluss erheblicher Mengen von Alkohol statt. So wie es uns die Erwachsenen auf dem Schützenfest vormachten, indem sie, völlig betrunken, primitiv und hemmungslos alles anbaggerten, was weiblich war und ihnen über den Weg lief, so machten wir es ihnen nach – etwas dezenter, mit etwas mehr Respekt und einer gewissen Schüchternheit, aber dennoch immer das Ziel vor Augen: ein Kuss, eine liebevolle Berührung, eine Umarmung oder aber, wer sehr erfolgreich war, ein kleiner Spaziergang zu zweit in einer lauen Sommernacht mit offenem Ende. Die Mädchen waren auch nicht ohne: Sie ließen ebenfalls nichts anbrennen und wussten, was sie wollten. Das Leben ist schön, wenn man jung und unerfahren ist und einem die ganze Welt zu Füßen liegt.

Die Teilnahme an den Festivitäten der Stadt war eine Art Pflicht. Es gab das beschriebene Bürgerschützenfest, aber auch das Bauerschützenfest und den jährlichen Reiterball. Ab Mai ging es los mit den Scheunenfesten, Veranstaltungen in großen Scheunen bei den Bauern. Dann gab es die Pfarrfamilienfeste in den Bezirken sowie zahlreiche Veranstaltungen in den Festsälen der großen Gasthäuser der Stadt. Karneval wollen wir natürlich auch nicht vergessen.

An Gelegenheiten zu Weib, Wein und Gesang mangelte es nie. Auch heute noch, im Jahre 2020, bemüht man sich, dass das Feiern nicht zu kurz kommt. Der Unterschied zu damals ist der, dass mir die Freude am Feiern in geselliger Runde abhandengekommen ist. Das ist so, seitdem ich nicht mehr dort wohne und merke, dass diese Form des kollektiven Erlebens eigentlich nie zu mir gehört hat. Es war gut so, wie es war, aber es ist auch gut so, wie es jetzt ist. Ich bevorzuge – ganz altmodisch – lieber den Platz an der Theke. Man kann sich in

Ruhe unterhalten und gepflegt sein frisch gezapftes Bier trinken.

Das ist ostwestfälische Männertherapie: Es gibt Einzeltherapie (alleine trinken), es gibt Gruppentherapie (zusammen trinken) und es gibt die systemische Therapie (erst alleine und dann gemeinsam trinken). Für wenig Geld kann man hier seinen Gedanken nachhängen und der Gastwirt hört dir zu – beim Psychotherapeuten ist es wesentlich teurer und erheblich anstrengender.

Die Liebe zum Bierchen in der Kneipe habe ich wohl mit meinem Vater gemein, der auch den Platz an der Theke bevorzugte. In Harsewinkel gibt es so ein Gasthaus, das all die beschriebenen Kriterien erfüllt. Es heißt „Alte Eiche" und steht in einem ruhigen Wohngebiet am Rande der Stadt. Ein unscheinbares Haus mit rustikaler Einrichtung und dunklem Ambiente, in das sich der meist männliche und stressgeplagte Harsewinkler gern einmal verirrt, um sich eine Therapie nach ostwestfälischer Art zu gönnen. Was gibt es Schöneres als ein kühles Blondes und nette Gesprächspartner, die die Schlichtheit männlicher Bedürfnisbefriedigung noch zu schätzen wissen? Im Gegensatz zum Tiroler oder zum Bayern, die gleich einen halben Liter Bier bestellen, zieht der Ostwestfale es vor, sich geringer zu dosieren. In der Regel ist das eine 0,2-Li-

ter-Einheit frisch gezapftes Bier mit einer Schaum-
krone obendrauf. Der Gastwirt serviert es auf einem Bierdeckel und malt dann mit einem Stift einen Strich auf diesen Deckel. Wenn jemand zum
Beispiel sein fünftes Bier serviert bekommt, sieht er
auf seinem Deckel vier senkrechte Striche, und der
Gastwirt streicht diese dann von links unten nach
rechts oben durch. Das macht das Zusammenzäh-
len zu fortgeschrittener Stunde einfacher.

17. Aus dem Nähkästchen geplaudert

Sie leben immer noch in der gleichen Stadt, die Weggefährten meiner Jugend, etwas älter und fülliger, aber dennoch erkenne ich sie meist auf den ersten Blick wieder. Es ist diese unverwechselbare Gestik, die vertraute Haltung, ihre besondere Art zu kommunizieren – jeder von uns hat im Laufe der Jahrzehnte sein persönliches Ich kultiviert.

Manche dieser alten Weggefährten kennen mich noch und reden mit mir, wenn wir uns zufällig im Supermarkt oder auf der Straße begegnen. Gelegentlich ist dann noch so etwas wie Wertschätzung zu spüren, was in Zeiten wie diesen nicht selbstverständlich ist.

Und dann gibt es andere Ureinwohner, die den Kontakt mit mir meiden; ich spüre, dass sie mir aus dem Weg gehen, aus welchen Gründen auch immer. Neulich wollte ich im Supermarkt einen Espresso trinken und als ich diesen bestellte, sah ich im letzten Augenblick, wie ein alter Bekannter mich entdeckte und sich mit seinem Einkaufswagen auf und davon machte. Er vermied die Begegnung, ließ es sich aber nicht nehmen, mich aus seinem sicheren Versteck zwischen den Supermarktregalen zu beobachten. Möglicherweise war es ihm unangenehm oder sogar peinlich, mit mir zu sprechen.

Manchmal denke ich, dass manche Menschen nicht mehr an alte Zeiten erinnert werden möchten. Vielleicht hat ihnen das Leben so richtig übel mitgespielt oder sie schämen sich für ihre Jugend oder für das, was sie damit verbinden; manche früheren Erfahrungen haben sie sicher nie ihren Frauen erzählt. Na und? Mein Gott, wir waren keine Heiligen und wollten auch nie welche sein. Wir taten das, was wir tun mussten, da gab es kein Richtig oder Falsch.

Manchmal begegnen mir auch Menschen, die damals auf mich weltoffen und progressiv wirkten und heute den Eindruck vermitteln, als wenn sie sich nur noch in ihrer eigenen Welt bewegen. Ihr Blick ist nach innen gerichtet, und Signale von außen scheinen bedrohlich auf sie zu wirken. Erst neulich sah ich einen von ihnen an der Supermarktkasse – eigenartig, wie er in sich zusammengesunken dort stand, so als ob es ihm überhaupt unangenehm war, dort zu stehen. Er bezahlte zügig seine Einkäufe und verließ schnell, aber unauffällig den Supermarkt.

Manchmal kommt es mir so vor, als wenn der Wandel der Zeit sie einfach überrollt hat. Er bringt Herausforderungen und Anpassungsleistungen mit sich; damit kommt nicht jeder zurecht. Ich denke, dass es vielen Menschen dieser Stadt so geht, mich eingeschlossen. Was fehlt, ist der öffentliche Raum, die Begegnung, der Austausch, Möglichkeiten der Kommunikation. Wo ist dieser Raum nur geblieben? Oder habe ich ihn einfach verlassen, ohne es zu merken?

Ich weiß nicht, wo es heute in der Stadt noch Orte zum Reden und Austausch gibt. Sicher, es gibt Cafés, Vereine, Bibliothek und kirchliche Angebote. Aber das ist nicht etwas für jeden. Und dann gibt es noch diverse Kneipen, auch wenn sich das Kneipenleben in den letzten 30 Jahren sehr verändert hat. Es gehen nicht mehr so viele Leute ins Wirtshaus. Man trifft dort immer die gleichen Menschen, als wenn sie zum Inventar gehören. Viele ehemalige Kneipengänger bleiben am Wochenende zu Hause und bedienen sich am eigenen Kühlschrank. Wie gut, dass es noch die Kirche gibt, die immer noch am Samstagabend das *Wort zum Sonntag* verkündet – ein Sanctus vom Priester schadet sicher nicht.

Apropos Kirche: Als ich das letzte Mal in Harsewinkel war, ging ich am Rövekamp spazieren. Ich war neugierig, wie das Viertel meiner Jugend wohl heute aussieht, und schlenderte ein wenig durch die Gegend. Es war Samstagabend, als die Glocken der Pauluskirche plötzlich anfingen zu schlagen und zum Kirchgang aufforderten: „daduuummm, daduuummm, daduuummm …"

Niemand kann sich der Dominanz des Klerus entziehen, nicht einmal ich, und so trieb mich meine Neugier bis vor die großen Kirchenpforte. Ich wollte sehen, was das für Menschen sind, die der Stimme des Herrn folgten. Was ich sah, erschütterte mich, weil ich immer dachte, Kirche und die ganze dazugehörige Folklore wäre ein Auslaufmodell. Wie konnte ich mich nur so irren? Es war unglaublich: Als ich einen kurzen Blick ins Innere warf, war die Kirche schon ziemlich voll. Ich dachte immer, nur alte Menschen gehen noch in die Kirche, doch ich wurde eines Besseren belehrt: Ich sah Männer und Frauen in meinem Alter oder noch jünger, meist in Begleitung ihrer Kinder. Wie konnte das sein – oder ist in Harsewinkel die Zeit stehen geblieben?

Dann ist mir bei meinen Recherchen noch ein anderer Typ Mensch aufgefallen, dem ich bereits als Jugendlicher Aufmerksamkeit geschenkt hatte, weil er so einfach zu beschreiben ist. Diese ostwestfälischen Unikate erinnern an von Bäumen heruntergestiegene Affen, die sich ständig auf die Brust klopfen, um ihrer Umgebung zu signalisieren, wer der König im Affenstall ist. Wenn sie auftauchen, weiß jeder: Achtung, hier kommt das Alphatier! Widerstand ist zwecklos. Oft tragen sie ein breites Grinsen im Gesicht, und ihre pfauenhafte Körperhaltung verrät ihre Intentionen. Diese ostwestfäli-sche Ausgabe von Hannibal Lecter beansprucht so viel Raum für sich, dass dir die Luft zum Atmen wegbleibt. Dieses protzige Selbstbewusstsein kann dich schon mal zu der Einschätzung verleiten, dass du dich im falschen Film befindest.

Doch was macht den typischen Westfalen, den Ostwestfalen und hier speziell die Harsewinklerin bzw. den Harsewinkler wirklich aus? Ich beginne in Gütersloh, wo ich in einen Baumarkt ging, um Dübel und Schrauben zu kaufen. Als ich den Ver-käufer fragte, wo ich denn diese Sachen finde, ant-wortete er mir allumfassend: „Das hamm wir alle." Na ja, immerhin eine Antwort, die Hoffnung macht, auch wenn ich mir letztendlich alles selbst zusammensuchen musste.

Wenn sich der Ostwestfale aufregt, dann hört man schon mal die Worte „man, man, man!" oder „ker, ker, ker". Bist du neu in Harsewinkel und es spricht mal ein Einheimischer mit dir (was gele-gentlich vorkommt), dann fragt er dich meist: „Wo kommst du denn wech?" oder „Von wo tust du denn wechkommen?". Beim Canasta spielt der Westfale nicht den Joker, sondern den „Schjoker" oder den „Tschoker".

Neulich machte mich ein Tiroler Freund auf eine Redewendung von mir aufmerksam, die da lautet: „Komm mal in die Pötte", was in etwa bedeutet: „Jetzt beeil dich doch mal." Was ihm auch auffiel, ist, dass man zu Auto auch schon mal Karre sagt: „Ich hol mal die Karre" – eine Redewendung, die so mancher Tiroler lustig findet, weil er sie nicht kennt.

Manches Begrüßungsritual mag einem Nicht-Harsewinkler eigenartig erscheinen, zum Beispiel wenn du nicht mit „Guten Tag" begrüßt wirst, sondern mit den Worten „Tach", „Tach auch" oder „juten Tech". Obwohl diese Redewendung eher aus dem Ruhrgebiet stammt, hörst du gelegentlich auch mal die Worte: „Morjen, wie geit dich dat?" Leute, die einem suspekt erscheinen, werden auch schon mal mit „eh du Nacken" angesprochen. Die Harsewinkler Sprachkultur ist da sehr facettenreich. Da kannst du dich echt „beömmeln".

So ein paar „Dönekens" fallen mir spontan noch ein. Die Harsewinkler Regionalsprache bringt einzigartige Satzkonstellationen zutage, deren Logik sich erst nach einigen Nachdenken erschließt. Erst neulich in der Bäckerei, da stand ein Harsewinkler Original vorm Tresen und bestellte „einmal Kaffee zum hier" (also einen Kaffee zum hier Trinken). Auch „hömma" wird oft verwendet, auch wenn es aus dem Ruhrpott stammt, zum Beispiel „hömma, was is dat dan?" oder „hömma, wie geit dich dat?" oder beim Mittagessen „hömma, wie schmeckt dich dat?".

Wenn du einen Harsewinkler fragst, wie es ihm geht, und er antwortet „alles Claas", dann hast du einen Claasianer vor dir. Antwortet er: „muss", dann könnte er auch ein Claasianer sein, vermutlich aber eher ein durchschnittlicher Ostwestfale ohne Mähdreschersozialisation. Ein nervöser Ostwestfale ist „fickerich", manchmal tut er auch gerne mit seiner Karre „rumjuckeln". Und wenn er einem Sonntagsfahrer begegnet, wird er ganz „rammdösig". Hast du Ärger mit einem, der viel redet, also einem „Laberkop", dann „sach" ihm ganz klar: „Eh du Flitzpiepe, wenn du dich jetzt nicht verpisst, dann krisse die Hucke voll!" Geht dir jemand tierisch auf den Sack, dann sagst du ihm: „Alter, geh kacken" oder „Leck mich anne Mäse, du Pissnelke." In diesem Fall kann es „zappenduster" werden.

Der „Schlürschluck" ist eine Art letzte Ölung: Wenn die Party zu Ende ist, gibt es noch einen „Kurzen" mit auf den Nachhauseweg. Und wehe, du „verklüngeltst" den Haustürschlüssel, dann muss du nämlich bei Muttern „pingeln". Manche Menschen fühlen sich nach ausgiebigem Alkoholkonsum ganz „kodderich" und fangen an zu „göbeln". Wenn du Hunger hast, sagst du in Ostwestfalen: „Ich habe Schmacht." Und zum Essen gibts dann noch eine „Pulle" Bier. Wenn du gefragt wirst, wie es dir geschmeckt hat, dann machst du nichts falsch, wenn du antwortest: „Jau, kann man essen" oder „kanze nichts von sagen". Nur das Gemüse bestand aus ordentlich „Gedöns".

Doch nun ist es genug mit dem „Heckmeck", sonst werde ich noch ganz „tüddelich".

18. Geschichte trifft Gegenwart – der Harsewinkler Friedhof

Das Leben ist vergänglich und irgendwann kommt der Tag, an dem die letzte Stunde schlägt. Das betrifft alle Menschen gleichermaßen. Wir Menschen sind darauf angelegt, den Tod zu ignorieren oder zu verdrängen, denn in unserer modernen Welt mit all ihren technologischen Errungenschaften fällt es den Menschen schwer, den Tod als Teil des Lebens zu akzeptieren. Wir vertrauen auf die Medizin und den wissenschaftlichen Fortschritt, in der Hoffnung, den Tod möglichst lange hinauszuschieben. Ein fataler Fehlschluss, denn wenn dann doch das Ende naht, wissen wir nicht mehr, wie wir mit diesem Gefühl von Ohnmacht und Trauer umgehen sollen. Erich Fried beschrieb den Tod als „eine Prüfung, die jeder besteht".

Der Harsewinkler Friedhof liegt am Stadtrand, direkt gegenüber vom Schwanenteich. Ein eher ruhiger Ort, mit großen und schönen Bäumen. Ein Besuch lohnt sich, besonders im Frühling oder Herbst. Wenn ich gelegentlich in Harsewinkel bin, statte ich dem Friedhof meist auch einen Besuch ab. Hier liegen sie, all die stummen Zeugen vergangener Zeiten und erzählen uns auf ihre Weise etwas von ihrem Leben.

Mit einigen Verstorbenen verbindet mich etwas Besonderes, etwas, was nur wir zwei wissen können und sonst niemand. Vielleicht war es ein interessantes Gespräch bei einem gemeinsamen Bier, möglicherweise saßen wir in der Grundschule zusammen an einem Tisch oder wir hatten ein interessantes und nettes Gespräch über Gott und die Welt. Manche von ihnen waren immer sehr wertschätzend und freundlich zu mir, und wenn ich vor ihrem Grab stehe, sehe ich ihr Gesicht deutlich vor mir und erinnere mich gern an gemeinsame Erlebnisse.

Der Friedhof ist wie ein Lesebuch und hält für jeden Besucher eine besondere Geschichte bereit. Das ganze Leben eines Menschen, zusammengefasst auf einem Grabstein, der – ob groß oder klein – Auskunft über das Leben eines Verstorbenen geben kann. Ein gut platziertes Familiengrab mit großem Marmorstein und goldenen Namensgravuren hat eine andere Dimension als ein einfaches Singlegrab ohne viel Firlefanz. Hinzu kommen die mittlerweile im Trend liegenden Urnenbestattungen. Hier führt meist nur eine kleine Steinplatte Geburts- und Todesjahr auf – und das war es dann schon.

Manche Gräber machen einen verlassenen und traurigen Eindruck, und du bekommst eine Ahnung, wie es um den Verstorbenen bestellt war. So auch bei Jerry Williams. Sein Grab liegt in unmittelbarer Nähe der Aufbewahrungshalle, ein unscheinbares Grab mit einem kleinen Grabstein, auf dem sein Name sowie sein Geburts- und Todesjahr stehen. Ich habe noch nie frische Blumen auf seinem Grab gesehen. Sein Name verrät, dass Jerry kein Einheimischer war. Wie und warum er hierherkam, entzieht sich meiner Kenntnis. Meinem zwei Jahre älteren Bruder gab er während der Schulzeit Nachhilfe in Englisch. Jerry muss ein netter Kerl gewesen sein; mein Bruder hat sich nur positiv über ihn geäußert. Er war ein schwarzer Engländer und starb Mitte der 1970er Jahre mit gerade einmal 36 Jahren an den Folgen eines Autounfalls. Immer wenn ich an seinem Grab stehe, frage ich mich, warum er, fernab seiner Heimat, sein Glück in der ostwestfälischen Provinz suchte.

Vor einigen Wochen fuhr ich spontan nach Harsewinkel, um meine Mutter zu besuchen, und weil in Harsewinkel ja nicht allzu viel los ist, machte ich einen kleinen Spaziergang zu besagtem Friedhof. Da wurde mir zum ersten Mal bewusst, dass auch ich bald zum engeren Kreis der Friedhofskandidaten gehören könnte. Da dachte ich mir, dass es vielleicht an der Zeit wäre, über die eigene Beerdigung und das damit verbundene Prozedere nachzudenken: Möchte ich in der Stadt meiner Kindheit und Jugend begraben werden oder ist es mir egal, wo sie mich einbuddeln? Soll es lieber ein Sarg, eine Urne oder eher etwas Exklusiveres sein, zum Beispiel eine Seebestattung? Bis heute habe ich keine befriedigenden Antworten auf diese Fragen gefunden. Ich weiß nur: Wenn ich nicht selbst für meine letzte Ruhestätte sorge, werden es andere für mich tun. Manche sagen: Es ist doch egal, wo sie dich begraben; davon bekommst du doch nichts mehr mit. Das mag schon richtig sein. Aber der Gedanke, irgendwo allein in der Fremde zu liegen und nicht dort, wo man gefühlsmäßig hingehört, dieser Gedanke beschäftigt mich schon seit einer Weile. Ich weiß nicht, ob meine Gedanken so außergewöhnlich sind; möglicherweise steckt dahinter auch etwas Aberglaube. Aber mir ist es nicht egal, an welchem Ort meine letzte Reise endet. Ich habe Angst davor, vergessen zu werden.

Ein besonderes Extrem der Bestattung ist das anonyme Grab. In diesem Fall hat der oder die Verstorbene bereits zu Lebzeiten verfügt, dass auf dem Friedhof nichts mehr an ihn oder sie erinnern soll – somit gibt es auch keinen konkreten Ort der Trauer. Warum sich jemand für diese Form der Bestattung entscheidet, ist schwer zu beantworten. Möglicherweise möchte jemand von der Welt vergessen werden? Aus welchem Grund auch immer: Es erfordert schon viel Mut, solch eine folgenschwere Entscheidung zu treffen.

In meiner Jugend begegnete ich dem Tod wie einem Fremden. Er war etwas Unaussprechliches, Gewaltsames und Grausames – er hatte so etwas Endgültiges. Der Macht, mit der er mir begegnete, hatte ich außer Traurigkeit und Unverständnis nicht viel entgegenzusetzen.

Mittlerweile habe ich akzeptiert, dass der Tod ein Teil unseres Lebens ist. Unser Leben endet mit dem Unausweichlichen – wir alle wissen das. Deshalb sollten wir das Leben als ein kostbares Geschenk annehmen und sorgsam damit umgehen. Am Ende des Lebens fragt sich womöglich jeder einmal, was sein Leben ausmachte, was das Besondere daran war und ob man alles noch einmal so machen würde, wenn man die Chance dazu hätte.

Erst kürzlich las ich ein Buch einer amerikanischen Krankenschwester, die Menschen auf ihrem letzten Lebensweg begleitet hatte. Sie wollte von ihnen wissen, was sie rückblickend anders gemacht hätten, wenn sie noch einmal die Chance auf ein neues Leben bekämen. Die meisten ihrer Interviewpartner antworteten, dass sie nicht die Dinge bereuten, die sie getan, sondern die sie eben nicht getan haben. Gerne hätten sie mehr im Leben riskiert. Aber aus irgendeinem Grund konnten sie es nicht.

Diese Gedanken sagen etwas Wichtiges über unser Leben aus: Ja, es geht darum, zu funktionieren, Leistung zu bringen oder der gesellschaftlichen Norm zu entsprechen. Da bleibt wenig Zeit, der Frage nachzugehen, ob man das als Mensch wirklich alles will oder ob es nicht auch Alternativen gibt. Deshalb sind Träume etwas sehr Wichtiges für uns Menschen, denn sie geben uns Sinn und Hoffnung.

Überhaupt haben sich das Sterben und der Umgang mit dem Tod wesentlich verändert. Früher starb der Mensch zu Hause, im Kreis seiner Familie und unter großer Anteilnahme. Der Leichnam wurde in einem Zimmer aufgebahrt, es wurden Kerzen angezündet und jeder konnte in Ruhe Abschied nehmen. Das waren noch Rituale der Großeltern; ich selbst durfte sie nicht mehr erleben. Wenn heute ein Mensch stirbt, bleibt für Trauerarbeit wenig Zeit. Jetzt übernehmen Bestattungsunternehmen mit ihren All- inklusive- Angeboten das ganze Prozedere.

Auch haben sich die Beerdigungsrituale verändert. Als ich ein kleiner Junge war, hatte die Kirche noch einen gewaltigen Einfluss auf die Bestattung der Toten. Das fing mit dem Trauergottesdienst in der Kirche an, gefolgt von der Grabrede des Priesters bis hin zum Leichenschmaus in einem alteingesessenen Gasthof, wo meist auch der Priester zugegen war. Eine Beerdigung war damals noch ein besonderes Ereignis, für das die Menschen sich Zeit nahmen. Und ein schmucker Grabstein erinnert an die Person, die hier begraben liegt.

Ein Spaziergang über den Harsewinkler Friedhof zeigt die Veränderungen der letzten Jahrzehnte: Neben den klassischen Erdbestattungen mit Sarg und Grabstein gesellen sich immer mehr Urnengräber hinzu. Die soziale Ungleichheit zeigt sich auch am Ende des Lebens: Die Feuerbestattung ist nicht nur eine Frage des persönlichen Geschmacks, sondern auch eine Kostenfrage.